El pensamiento vivo de Séneca

María Zambrano

El pensamiento vivo de Séneca

Prólogo de Lucía Hernández Soler

Alianza editorial
El libro de bolsillo

Esta edición reproduce la fijación del texto que hizo Ricardo Tejada en el
Vol. II - Libros (1940-1950) de las OO.CC. de María Zambrano, 2016.

Primera edición: enero de 2026

Diseño de colección: Estrada Design
Diseño de cubierta: Manuel Estrada
Fotografía de Lucía Moreno y Miguel S. Moñita

© Fundación María Zambrano, 2016
© del prólogo: Lucía Hernández Soler, 2026
© Alianza Editorial, S. A., Madrid, 2026
  Calle Valentín Beato, 21
  28037 Madrid
  www.alianzaeditorial.es

PAPEL DE FIBRA
CERTIFICADA

ISBN: 979-13-7009-117-0
Depósito legal: M-19851-2025
Printed in Spain

Índice

Prólogo

> Toda vida es camino y nada
> hay tan aleccionador, más
> misericordioso que el dejar
> sus huellas, que el trazar ras-
> tros.
>
> María Zambrano

Leer es transitar. La lectura de *El pensamiento vivo de Sé-*
neca de María Zambrano (1904-1991) supone adentrar-
se en los surcos que dejan las ideas y las vivencias profun-
das a través de las coordenadas de espacio y tiempo; es
situarse en los lugares limítrofes y conectados entre la filosofía, la ética, la poesía y lo místico para contemplar
aquello que aún somos. Caminantes temporales.

Transitamos una tierra que nos constituye mientras
pasamos por ella, tanto si la heredamos como si hemos
de huir, la tierra como determinante que empolva las
huellas de aquellos y aquellas que, como Zambrano y
Séneca (4 a. C.-65 d. C.), como el Séneca de Zambrano
y la Zambrano del ahora, traen al presente caminos tran-
sitados, pero a la vez siempre nuevos, aquí, en nuestras

manos, surcos que recorrer otra vez en forma de palabra escrita.

María Zambrano acaricia los límites entre la filosofía y la poesía, y así, este *Pensamiento vivo de Séneca* es inherente a su transitar por diferentes territorios y fronteras ya sea en calidad de oriunda, exiliada, aislada, invitada, huida, regresada o rememorada. Un camino de idas y vueltas al que acompañó significativamente el tiempo que en un movimiento de sístole la impulsó a cuarenta y cinco años de exilio (destierro como prefirió ella calificar este intervalo) del que hizo identidad fronteriza.

El pensamiento vivo de Séneca es reflexión y reflejo desde fuera de una España fragmentada, fratricida y vencida por el autoritarismo de corte fascista y nacionalcatólico que tuvo su inicio tras el golpe de estado de 1936, la posterior contienda y los cuarenta años de régimen dictatorial franquista. Una guía literaria para hacer frente a la irracionalidad, la barbarie de la Segunda Guerra Mundial, el desamparo, la pérdida, las ausencias y, en última instancia, la muerte.

Zambrano es la riqueza del pensamiento filosófico con nombre de mujer en una intelectualidad dominada por los hombres, que abrió camino y que entrelaza generaciones de pensamiento, siendo discípula de Antonio Machado, Ortega y Gasset, Miguel de Unamuno o Zubiri.

Coetánea, compañera y amiga de integrantes de la generación del 27 como Luis Cernuda, Emilio Prados, Miguel Hernández, Jorge Guillén, García Lorca o Rafael Alberti, María Zambrano será una luminosa cabeza *sin sombrero* muy unida a Concha Méndez, Maruja Mallo y Rosa Chacel. Pioneras, referentes y creadoras del pensamiento con nombre y voz de mujer en la historia de España y Europa, unas Sinsombrero ensombrecidas por un sistema de estudio y de acceso y divulgación del conocimiento, que aún a día de hoy persiste en su mirada patriarcal y no termina de sacarlas de la caverna platónica donde refulgen sus obras y su legado, esperando a ocupar el lugar que merecen en la historia.

Zambrano también es Francia, París, en sus continuas referencias a Bergson, la ciudad donde entablará contactos con Albert Camus y René Char, y posteriormente con Emil M. Cioran. Es América, donde fue acogida y amparada como tantas y tantos exiliados en Cuba, Chile, Puerto Rico y México, donde encontrará como asidero intelectual y amistoso a Daniel Cosío Villegas y a Alfonso Reyes. Es la Roma del exilio y el reencuentro donde su cuerpo teórico se entrelaza con Elena Croce, Emil Cioran, de nuevo, Elémire Zolla, Ramón Gaya y Jorge Guillén.

Es el remanso en el claro del bosque de La Pièce, es Ginebra, donde situarse, es el Madrid de una incipiente socialdemocracia al que volver. Y es, en definitiva, esa España que la recibe en los últimos años de su vida con honores como Hija Predilecta de Andalucía, Doctora *honoris causa* por la Universidad de Málaga y primera mujer en España en recibir el Premio Miguel de Cervantes.

Es el descanso que acaba en lo cercano, un movimiento de diástole que se transforma en un guiño a la infancia machadiana, casi como un brindis a su maestro, en su Vélez-Málaga natal, del Valle de la Axarquía, donde descansa su cuerpo rodeado de montes y en una de cuyas calles se ubica la Fundación María Zambrano, cuya llama hace perdurar y alumbrar a pensadores venideros seducidos por el pensamiento vívido de Zambrano.

Leer a Zambrano es sucumbir ante una palabra escrita para razonar sintiendo, en analogía con el Séneca que nos dibuja en este libro y que posee un cierto compás musical. De ahí que el método para abordar *El pensamiento vivo de Séneca* sea dejarnos seducir por la hibridación de la filosofía, la música, la poesía y la pasión, al modo del *pathos* griego, con el que escribe un libro conectado con toda su obra como «gajos» de una misma «naranja» como ella misma define su creación en 1987 a modo de retrospectiva en sus *Textos autobiográficos*.

Mi obra, no tengo más remedio que llamarla así, tiene un sentido circular, es como gajos de una naranja, no hay que mirarla con criterios de primero, segundo y tercero. Es cómo un árbol, cuyo germen o raíz no se pierde aunque se ramifique[1].

Este gajo que es *El pensamiento vivo de Séneca* está engarzado con las corrientes críticas europeas de fina-

1. Zambrano, M. (2025). *Palabra en libertad: Textos autobiográficos*. Sabina Editorial. pág. 137.

les del XIX y principios del XX, que desarrollaron la crítica ante el racionalismo técnico y científico, con los ideales de la razón ilustrada que devino en el auge de los regímenes autoritarios, la alienación humana y su desembocadura en la barbarie de la Segunda Guerra Mundial y el genocidio. La filósofa malagueña, heredera de la corriente vitalista y pragmática de Ortega y Gasset (y este a su vez de Nietzsche y Schopenhauer) se sitúa en la crítica a la razón occidental, técnica, cientifista, y apolínea que devino en lo contrario: el triunfo de la sinrazón.

Pero... ¿por qué Séneca? y ¿Qué había en el estoico hispanorromano del siglo I a. C, y de destino trágico, que alentase? ¿Y qué hay de vivo hoy en este Séneca de Zambrano?

Propongo un camino de ida y vuelta a la hora de abordar esta obra, por lo que, además de la interrogación sobre qué tipo de texto de Zambrano es este ante el que nos encontramos, resulta relevante preguntarnos, no solamente qué tenemos entre manos, sino también cómo ha llegado hasta aquí y por qué ahora; desde dónde lo escribe la filósofa malagueña y desde dónde lo estamos leyendo; así, transitando ese camino, encontraremos el punto de encuentro a través del tiempo que reaviva a día de hoy este *Pensamiento vivo de Séneca*.

Me duele cuando se olvida, que he descubierto o se me han descubierto tres modos de razón: la razón cotidiana (y esto está reconocido), la razón mediadora, que aparece en el prólogo del *Pensamiento vivo de Séneca*, y la razón poética[2].

María Zambrano, teje un hilo finísimo entre búsqueda de la verdad y revelación, su obra está caracterizada por la mezcla de lo poético, literario y filosófico, y por ello no es de extrañar que a la hora de llevar a cabo una profunda reflexión filosófica se situé en la Pangea del pensamiento occidental, donde la razón y lo mítico conviven: la Grecia de los presocráticos.

La filósofa habla de descubrimiento en el sentido de la *aletheia* griega, concepto por el cual encontrar la verdad es la acción de desvelar, eliminar las capas que envuelven lo puro y que se encuentra en las entrañas de uno mismo. Esta será la «razón mediadora», la fórmula y método del discurrir el entendimiento más allá de la razón pura y abstracta; será por lo tanto razón de lo concreto y ponderado, el juicio derivado de la experiencia y extracto de lo vivido.

Será precisamente en la propia introducción escrita por María Zambrano para la primera edición de este libro en 1944, donde expondrá los motivos, siendo el filósofo Séneca para Zambrano un sustrato subyacente en el pensamiento español con independencia de la clase o el estatus, una figura transversal donde remarca su carácter popular que «está hondamente en las entrañas de todo lo español»[3].

---

2. Ibíd., pág. 26.
3. Zambrano, M. (2016). *Obras completas II. Libros (1940-1950). El pensamiento vivo de Séneca*. Galaxia Gutenberg. pág. 154, en adelante = OC II.

La filosofía de Séneca tendrá así, para Zambrano, un marcado carácter político y lo convertirá en nexo del pensamiento español, se encuentren en la situación que se encuentren los españoles, tras la diáspora propiciada por la guerra civil y el posterior régimen dictatorial franquista; pero también, la filosofía de Séneca será guía ética; concebida por Zambrano como un método, una forma de discurrir del entendimiento, que va de lo abstracto a lo concreto, que siente y se apasiona, que se apiada de la fragilidad de lo humano y de sus limitaciones y que se resigna ante lo trágico de la realidad, por lo cual también es una ética que supondrá la antesala de su *razón poética*.

La pensadora ya había dedicado parte de su reflexión a la figura de Séneca durante los años de la contienda y su resistencia al golpe militar en España como es el caso de «Un camino español. Séneca o la resignación», publicado en 1938 en *Hora de España* y «La cuestión del estoicismo español» publicado en 1939 en *Pensamiento y poesía en la vida española*, y será *El pensamiento vivo de Séneca* editado ya desde el exilio en 1944 por la editorial Losada en Argentina, la obra que tendrá el ánimo de procurar convertirse en asidero anímico y fórmula de vida. Un camino en un sentido machadiano del término.

Un libro calificado de «arrinconado» y «mudo» por el profesor Ricardo Tejada, dado que llegará a España en 1965, veintiún años después de su publicación y alcanzará su predicamento en la década de los 80, siendo eclipsado por otras obras de Zambrano, tratándose de un texto que «ha dialogado muy poco tanto con los filósofos especializados en la antigüedad como con el conjunto de la comunidad filosófica española»[4].

Tenemos, por lo tanto, entre nuestras manos, una rara avis, tardía y madurada por el tiempo, un libro para el que la propia autora no escribió nuevas introducciones y prólogos en las distintas ediciones que ha tenido, tras la primera en 1944, y cuyo formato resulta llamativo de entrada, ya que se divide en dos partes. La primera desarrolla el afloramiento y adopción de la razón mediadora encarnada en Séneca como guía para afrontar el presente y la segunda está constituida por una selección de páginas escogidas por la autora de las *Cartas a Lucilio* de Séneca *(Epistolae morales ad Lucilium 62-65 d. C)* y otras obras, y que le sirven para atestiguar la vigencia del estoico hispanorromano defendida en la primera parte del libro, con el reto de inspirar una trascendencia moral, anímica y filosófica en una época de desconsuelo y ante el triunfo de la irracionalidad.

Y ahora pensemos... ¿Desde dónde nos volvemos a encontrar con *El Pensamiento vivo de Séneca*? y ¿Qué tiempos corren para la «razón mediadora»?

Nuestro ahora, independientemente de la ubicación y el contexto social y político en el que nos encontremos viene determinado por unos constituyentes básicos, que el filósofo y sociólogo Zygmunt Bauman denominó *Modernidad líquida*. Una sociedad caracterizada por la

---

4. Presentación de Ricardo Tejada al libro *El Pensamiento vivo de Séneca*, OC II, pág. 133.

radical y violenta globalización económica que rompe puentes culturales, lazos sólidos de filiación con los otros y genera exclusión y hostilidad, devenidos movimientos migratorios a gran escala, violencia, apátridas y desposeídos.

Un presente donde la digitalización y la tecnologización de la vida cotidiana y las relaciones humanas se desarrollan mediadas a través de pantallas, y donde la necesidad de inmediatez deviene ansiedad, individual y colectiva, con el resultado de la ausencia de solidez.

El conocimiento está atomizado en su especialización, los saberes fragmentados, y la razón humana se debate entre la inmensidad del acceso a todo y el negacionismo que reacciona ante la abundancia informativa a modo de patada burda de la razón hacia lo razonable, y donde Chat GPT, es referencia y dicta sentencia. La actual polarización política a nivel global, está inundada de discursos totalitarios a la vez que pueriles, que buscan la identidad individual en una comunidad artificial edificada en la negación del otro, y en la competencia.

Tenemos en nuestras manos *El pensamiento vivo de Séneca* mientras estamos insertos en un contexto sociológico de anestesia colectiva a gran escala donde asistimos, también a día de hoy, a percibir la barbarie genocida, retransmitida al instante ante la imposibilidad manifiesta y cómplice que nos convierte en espectadores aletargados.

¿No es acaso este tiempo de modernidad líquida, de búsqueda de identidad, y de generación de apátridas y desterrados continuos un tiempo donde «una razón mediadora», un Séneca de Zambrano se nos puede presentar como un seductor camino?... ¿Desde dónde escribe Zambrano su *Séneca* de 1944?

Este Séneca es la tercera obra de María Zambrano en la que reflexiona sobre el denominado senequismo español, pero es la única en la que aborda la figura del estoico de forma íntegra y ya como desterrada, fuera de España, en México, en la Casa de la Cultura «tierra luminosa»[5] que hace posible la pervivencia de la intelectualidad de los exiliados.

La filósofa malagueña no habla en el libro de la búsqueda sino de la *vuelta* de Séneca, no se trata de una indagación filosófica, sino de un rescate, una anamnesis al modo Socrático que indaga lo profundo de uno mismo y desde el presente y que emerge para mediar, curar, y enseñar a asumir la circunstancias; en este caso, el exilio, la desposesión, la guerra y la violencia; por eso Séneca regresa, porque lo hemos buscado «como un palimpsesto debajo de nuestra angustia»[6].

Zambrano es porosa a la corriente filosófica en torno al estoicismo iniciada en España por Ángel Ganivet y Menéndez Pelayo, referenciada y discutida por Unamuno y Ortega, donde encontraba, en un estoicismo con cierto acento andaluz, el alivio a los estados de frustración y pérdida colonial, a la vez que dibujaba un horizonte como un toque romántico y mítico de lo español.

5. OC II, pág. 156.
6. OC II, pág. 157.

Pero la figura de Séneca no será para Zambrano el fin que justifique la idea de los esencialismos, o los idealismos románticos respecto a la identidad, sino que será más bien un vínculo transversal, un referente, una guía ética, una inspiración y una pretensión de fe, no de lo español, sino para los españoles. Una fórmula de autoconocimiento y cobijo, en la figura del filósofo, desde donde reconocerse en las vivencias compartidas, en un año 1944 enmarcado dentro de la atrocidad de la Segunda Guerra Mundial, en el dolor y el destierro de la guerra civil española y en la continua búsqueda de una filosofía de aliento y no de ocaso.

El estoicismo y Séneca: una «filosofía de ocasos»

La costra que deja la guerra, cualquier guerra, independientemente de las coordenadas espaciotemporales donde haya sucedido la atrocidad, es una prominente cicatriz que aflora en forma de trauma sociológico, que supura a lo largo de las generaciones, y que se manifiesta en los términos del binomio éxito-fracaso, victoria-derrota, dominación-subyugación y en el más difícil de superar colectivamente que es el de pertenencia-desposesión.

España, especialista en ocasos, sufre uno de sus tantos ensombrecimientos con el final de La guerra hispanoestadounidense que culminó en 1898 con el Tratado de París y la pérdida por parte de España de su soberanía sobre Cuba, Puerto Rico y Filipinas. La intelectualidad del pensamiento español reacciona y rellena desde dentro la pérdida de fuera en busca de lo inmanente, lo genuino, lo puro, la esencia de lo español. Y, para ello, nada como una «filosofía para épocas de ocaso» como el estoicismo, basado en la mesura, la resignación, la aceptación, el consuelo y el racionalismo que media. Nada como un estoicismo con raíces hispanas para aliviar la cicatriz.

El escritor y diplomático Ángel Ganivet (1865-1898), precursor de la generación del 98, adoptó y adaptó el estoicismo de Séneca a lo constitutivo y definitorio de ser español, de modo que en su *Idearium español,* publicado en 1897, considera al estoicismo de Séneca el eje vertebrador de la propia esencia hispánica y es descrito por Zambrano como «un libro bellísimo, de esa especie que puede salir de la propia conciencia y que el español finge no haber leído»[7].

Marcelino Menéndez Pelayo (1856-1912) elaborará una geografía cronológica de una saga de padres de lo español desde Séneca a Averroes y Maimónides, pasando por Alfonso X el Sabio, Raimundo Lulio, Luis Vives o Francisco Suárez y Arias Montano. En la obra *Los grandes polígrafos españoles* editada en 1944, acuña el término para referirse a las figuras más representativas en la creación de corrientes de pensamiento, que a su vez generarán nuevos paradigmas en el transcurso histórico por su carácter transformador y creador[8].

7. María Zambrano. OC I, pág. 156.
8. Gallardo, M. Á. G. (2012). «La noción de "polígrafo" en Menéndez Pelayo». *Revista Cálamo FASPE*, (60), 105-110.

Pero el caso de María Zambrano es diferente. En ella encontramos una superación de los esencialismos identitarios de Ganivet y Menéndez Pelayo; ella no buscará el idealismo, sino lo común y compartido, aunando intelectualidad y saber popular.

En la introducción a *El pensamiento vivo de Séneca*, Zambrano deja claro que su objetivo no es entrar en nuevas disquisiciones acerca de qué constituye lo español, sino que busca un nexo entre el pueblo español con independencia de su circunstancia, un vínculo que trascienda el espacio-tiempo concreto. Por tanto buscará en el legado del filósofo estoico, romano, hispano y sureño «una medicina para el alma» y «un camino»[9]. El Séneca de Zambrano será, por tanto, un salvoconducto para la esperanza ante la adversidad, asumiendo las circunstancias de forma consciente, sintiente y sin rencor.

Séneca es una cuestión viva para el español de hoy, cualquiera que sea su posición política, su situación dentro o fuera de España. Porque Séneca es uno de los modos esenciales en que el español ha tenido de encararse con la vida, de navegar por ella[10].

La figura de Séneca se convierte así, para Zambrano, en un asidero común entre españoles que a su vez trasciende,

9. Bundgard, A. (1998). «El binomio España-Europa en el pensamiento de Zambrano, Ferrater Mora y Ortega y Gasset». En *Claves de la razón poética: María Zambrano: un pensamiento en el orden del tiempo* (págs. 43-54).
10. OC II, pág. 153.

ya no solo desde su ética. Más bien se trata de una filosofía que promulga la mesura, la aceptación, el equilibrio y la resignación ante la vida y la muerte como algo consustancial a lo humano y a la naturaleza. En este sentido, la pensadora malagueña desarrolla una analogía histórica y emocional entre el declive del Imperio romano y la pérdida de los valores en su decadencia y el declive de la razón ilustrada con el auge de movimientos totalitarios del siglo xx.

La vida era de nuevo una pesadilla; los antiguos y desiguales dioses ya vencidos por la filosofía, con nombre de Emperador, estaban en el poder sin elemento poético alguno, sin esa cierta libertad que los antiguos dioses dejaban. Era el retorno al mundo del rencor y de la venganza; al mundo del delirio y del capricho, pero viéndolo ya instaurado, victorioso, sin restricción alguna: totalitario (pág. 50).

El senequismo en Zambrano adquiere una dimensión, existencial, ética y política, tanto por su filosofía como por el modo de adecuarla a su propia vida, desde una resistencia pasiva, indolente y resignada, consciente y con un destino trágico, como fue afrontar la muerte desde el suicidio, en un acto de entrega radical y sin rencor ante la sinrazón del poder y sabiéndose por un lado ser finito y a su vez derrotado por una política desnortada.

A la melancolía, por el correr del tiempo, del que se sabe sumido en la naturaleza, se ha unido ahora la amargura infinita de sentirse a merced del poder, ejercido con bárbara grandeza (pág. 47).

El poder ejercido con «bárbara grandeza» expulsó al acabar la guerra civil española a más de medio millón de personas, provocando un éxodo de desposeídos.

El 28 de enero de 1939 a las 2:20 de la tarde, María Zambrano emprendió su larga marcha junto a su madre, su hermana Araceli, el esposo de esta, y sus sobrinos. Su padre y referente, Blas Zambrano, había fallecido meses antes en una Barcelona que aún se resistía a los embates del cainismo nacional católico y fascista, que asediaba España. Una tierra convertida en cubeta de experimentación y amargo aperitivo de lo que vendría meses más tarde, el 1 de septiembre de 1939: La barbarie, el fracaso de la razón ilustrada europea devenida en forma de Segunda Guerra Mundial, enajenación totalitaria y genocidio.

En el camino de la frontera con Francia junto a miles de exiliados, desterrados y *pre-apátridas*, Zambrano integrará un «ejército de hormigas en hilera» al modo machadiano, que recorrerá «la corteza blanquecina» de otro «olmo viejo, hendido por el rayo», en este caso una España roída por la muerte, la violencia y el fratricidio que la dejará invertebrada.

Una España convertida en tierra baldía, donde unos celebrarán la victoria pírrica y la dominarán, otros quedarán desposeídos de ella y por tanto desterrados, otros sepultados en ella, enterrados, y otros anonimizados en fosas comunes donde siguen a día de hoy a la espera de justicia.

En la despiadada fuerza centrífuga que arrojaba a inmigrantes por el mundo, María Zambrano «hace camino al andar» y se fija en los ojos abatidos de un cordero que un hombre porta a hombros: «Todos ellos son corderos, a partir de entonces, chivos expiatorios de la historia»[11].

Una revelación simbólica de lo español como chivo expiatorio, donde Zambrano percibe la estafa de la razón ilustrada europea y la imposibilidad de una esperanza en el futuro como un horizonte alentador, y que impactó en toda una generación de exiliados en España a quienes posteriormente, Zambrano denominó «la generación del toro» de forma simbólica, aludiendo a la mansedumbre del animal y su vinculación con lo hispano y el sacrificio trágico.

Un éxodo de corderos y toros ante la barbarie, víctimas de la irracionalidad, ángeles, como el *ángel de la historia* de Walter Benjamín (1892-1940) con la cara mirando al pasado en ruinas y donde el futuro es sólo una aspiración ilusoria.

Lo que a nosotros se nos presenta como una cadena de acontecimientos, él lo ve como una única catástrofe que amontona sin cesar ruina sobre ruina, arrojándolas a sus pies. Quisiera detenerse, reanimar a los muertos y recomponer lo destrozado. Pero desde el paraíso sopla una tempestad que se ha enredado en sus alas, y es tan fuerte que el ángel ya no puede cerrarlas. Esa tempestad le empuja

---

11. Amarís Duarte, O. (2021, 5 febrero). *El exilio de María Zambrano*. Ethic. https://ethic.es/exilio-maria-zambrano.

irresistiblemente hacia el futuro, al que vuelve la espalda, mientras el montón de ruinas, ante él, va creciendo hacia el cielo. Esa tempestad es lo que nosotros llamamos progreso[12].

Una irracionalidad devenida en guerra y violencia que conecta a Zambrano con Hanna Arendt (1906-1975), ambas con experiencias vitales paralelas ante el exilio, el totalitarismo aplastante, el género, y un presente desalentador donde, como apuntaba la filósofa alemana coetánea de Zambrano en *Hombres en tiempos de oscuridad,* a raíz del poema de Bertolt Brecht (1898-1956), asume que el devenir de la historia nos ha llevado a tiempos oscuros donde la sinrazón ha perdido el miedo y las víctimas, la esperanza.

Arendt y Zambrano, dos mujeres referentes en el pensamiento filosófico actual, coetáneas y de obras fronterizas que nunca llegaron a coincidir, pero cuya reflexión ante el fracaso de la razón merece entrelazarlas, como simbólicos ángeles de la historia que fijarán su mirada en la devastación, el fracaso de la razón y el triunfo de la barbarie. Miradas diferentes y un sentido similar, el de la salvación.

---

12. Benjamin, W. (2021). Sobre el concepto de la historia y otros ensayos de filosofía política, Alianza Editorial, págs. 71-72.

¿Cómo salvarnos de la sinrazón?
El alivio de «la razón mediadora».

El pensamiento vivo de Séneca aparece como un camino místico y religioso en el sentido que Agustín de Hipona da al término religión como *religare* que es 'volver a atar', 'volver a ligar' o a 'unir'. Así este Séneca de Zambrano representa en el libro un vínculo que religa desde la «razón mediadora», y que salva de la sinrazón, un *ángel de la historia* que nos trae el amargo despertar de la razón, que «nos sacude de nuestros delirios y ensueños para hacernos "entrar en razón"» (pág. 41). Pero ¿cómo entrar en razón cuando predomina la sinrazón?

«Entrar en razón» será el antídoto que procurará el estoicismo de Séneca a los desamparados. La razón expulsada del paraíso que dibujaron los ideales ilustrados y que devino en totalitarismo y la violencia, esa racionalidad fracasada que Zambrano califica como «razón desvalida» y que se frustra ante el muro que supone el presente atroz y la muerte.

La salvación será para María Zambrano la filosofía estoica representada en Séneca, que reinterpreta como una forma de discurrir de la razón que va más allá de lo lógico, técnico o abstracto; se trata de una razón armónica, una vuelta al filósofo presocrático Heráclito de Éfeso (535-480 a. C) que propugnaba la consonancia entre los contrarios y la búsqueda de la justa medida. Se trata, por lo tanto, de una apuesta contra el dogmatismo, y hacia la hibridación de la razón, del sentir, intuir, mediar y ponderar, en un ejercicio continuado de «el saber moverse entre la relatividad sin descanso que es la vida humana»[13].

Esta será la capacidad de «la razón mediadora» a la que atribuye las cualidades de «dulcificada», «piadosa», compadecida, o misericordiosa, capaz, en tiempos de decadencia y crisis, de ser constitutiva de una nueva fe humanista.

María Zambrano hace de *El Pensamiento vivo de Séneca* un manual de resistencia, que invita a «entrar en razón» y que acompañará al peregrinaje de los miles de compatriotas forzosamente apátridas, capaces de asumir como Séneca una acción resiliente que atraviese las coordenadas del espacio-tiempo concreto, e incluso, vencer la propia muerte ya que «sabio es aquel que ya en vida está como si hubiera muerto. Es el que está maduro para la muerte, aquietado, dispuesto a marchar sin desgarramiento» (pág. 60).

La filosofía que transitamos en *El Pensamiento vivo de Séneca* adquiere una dimensión más allá de la reflexión intelectual o la creación de sistemas de pensamiento, es una medicina para el alma, cuya receta bebe de lo fronterizo y relativo, de lo concreto y contrario y que hace de la figura de Séneca un médico-hechicero cuyas «razones surten el efecto de un sortilegio, son como un hechizo, un conjuro ante el monstruo del vacío»[14], y lo convierten en un artista cuyo «mérito principal es la

13. OC II, pág. 201.
14. Ibíd., pág. 179.

exactitud, exactitud del artista, exactitud estética y no racional»[15], es un músico «es una especie de música cuyos acordes acallan, aduermen y suavizan»[16].

Encontraremos a un padre desde un prisma nada paternalista, nada patriarcal, definido como un *padre maternal* que mantiene el suave y complejo discurrir de la vida, un padre colectivo «como un cura de pueblo»[17] porque en su proceder literario Séneca «fue incorporando al repertorio de los sermones populares, como si las *Cartas a Lucilio* [...] se predicasen desde el púlpito». Zambrano hará aquí una clara referencia a su maestro Miguel de Unamuno; el Séneca de Zambrano se asemeja a otro padre, al protagonista de la novela *San Manuel Bueno Mártir,* que es un padre-curandero de la desolación «padre de almas sin fe, compadecido de ellas» (pág. 75).

Los conceptos muerte, derrota y resignación, se convierten en términos complementarios; la muerte de Séneca, su suicidio lo interpreta Zambrano como resignación en el sentido literal latino del término *resignare* que es etimológicamente 'devolver una señal', 'entregar'; por lo que la resignación senequista es entregarse a sí mismo no como forma de claudicar sino como autodeterminación en acto libre de última entrega y de resistencia al poder. Sin miedo, sin rencor y sin genuflexión.

Un poder bárbaro que marca también a día de hoy las zonas de victorias y derrotas, de tierra y desterrados. Por

15. Ibíd., pág. 178.
16. Ibíd., pág. 178.
17. Ibíd., pág. 209.

donde la razón discurre en nuestra modernidad líquida nos reencontramos con *El pensamiento vivo de Séneca,* cuya lectura nos hace atravesar el tiempo y los territorios dejándonos a modo de presagio un mensaje: Ante la sinrazón humana, la falta de esperanza y asideros morales, ante la prepotencia ciega del poder, y la muerte... siempre... «Séneca aparecerá vivo»... ¡Leamos, transitemos y avivemos el pensamiento!

Lucía Hernández Soler

Referencias bibliográficas

AMARÍS Duarte, O. (2021, 5 febrero). *El exilio de María Zambrano.* Ethic. https://ethic.es/exilio-maria-zambrano.

ARENDT, H. (1990). *Hombres en tiempos de oscuridad.* Gedisa.

BAUMAN, Z. (2004). *Modernidad líquida.* Fondo de Cultura Económica.

BENJAMIN, W. (2001). *Tesis de filosofía de la historia.* Etcétera.

BUNDGARD, A. (1998). «El binomio España-Europa en el pensamiento de Zambrano, Ferrater Mora y Ortega y Gasset». En *Claves de la razón poética: María Zambrano: un pensamiento en el orden del tiempo.*

COLINAS, A. (2009). *Sobre María Zambrano. Misterios encendidos.* Siruela.

DUARTE, O. A. (2021). *Una poética del exilio: Hannah Arendt y María Zambrano.* Herder.

GALLARDO, M. Á. G. (2012). «La noción de "polígrafo" en Menéndez Pelayo». Revista Cálamo FASPE, (60), 105-110.

GÓMEZ BLESA, M. (2008). *La razón mediadora: Filosofía y piedad en María Zambrano*. Editorial Gran Vía.

RODRÍGUEZ GUTIÉRREZ, B. (2012). «De los grandes polígrafos españoles a los orígenes de la novela». *Boletín de la Biblioteca de Menéndez Pelayo*, 88(1), 125-158.

SOTO CARRASCO, D. (2009). Reseña de *La razón mediadora. Filosofía y piedad en María Zambrano* de Mercedes Gómez Blesa en *Daímon. Revista Internacional de Filosofía* (47).

SOTO GARCÍA, P. (2023). *María Zambrano: Los tiempos de la democracia*. Herder.

ZAMBRANO, M. (2016). *Obras completas II. El pensamiento vivo de Séneca*. Galaxia Gutenberg.

— (2025). *Palabra en libertad: Textos autobiográficos*. Sabina Editorial.

El pensamiento vivo de Séneca

Introducción

Actualidad de Séneca

El hombre posee el privilegio de tener antepasados; somos siempre hijos de alguien, herederos y descendientes. Mas cuando se pertenece a un mundo tan completo como el de la cultura occidental los antepasados son múltiples; tenemos diversas tradiciones detrás de nosotros, no una sola. De ahí el olvido y también los sucesivos renacimientos.

Y es que tener cultura, estar en una cultura, es tener detrás de la vida individual de cada uno un tesoro a veces anónimo, a veces con nombre y figura. Es poder recordar, rememorar. Poder también, en un trance difícil, aclarar en su espejo nuestra angustia e incertidumbre.

Pero no todos los antepasados están siempre patentes y actuales. Por el contrario, grandes nombres permanecen durante años, que pueden ser siglos, enterrados en el olvido para salir de él en un instante. Se hacen actuales y hasta se convierten en una obsesión. Nos encontramos entonces con un saber no sabido, que se nos aparece cargado de significación como si fuese la cifra de todo lo que nos sucede.

Hay nombres permanentes, «clásicos», que son como la constante que mantiene la continuidad de una cultura. En apariencia apenas si ven alterado su brillo y transcendencia; y, sin embargo, no es así. Crece, disminuye, cambia de dirección. Pero hay otros no menos célebres, o si se quiere no menos clásicos, cuyo papel es diferente de los clásicos oficiales; forman otra especie dentro del mundo de las figuras históricas, de este curioso mundo que todavía no parece haber tentado a ningún «naturalista» de la cultura, ni siquiera en este tiempo de biografías a granel. Porque no todas las figuras de los que han logrado trascender tienen la misma función. Hay diferentes géneros de influencia y seducción; toda una clasificación que descubrir en este mundo de los seres que nos dejaron su memoria, su histórica trascendencia.

A esta especie de clásicos, diferente de la primera que vemos al alzar los ojos y aun sin alzarlos, es a la que pertenece Séneca. Son aquellos que tienen juntamente dos notas características: una cierta permanencia en la popularidad y una cierta capacidad de «renacimiento» entre los cultos.

Las dos notas comportan un problema histórico. ¿Por qué la capacidad de llegar hasta las capas más humildes de la cultura, de hacerse carne y sangre de la viviente cultura de un pueblo, de la cultura analfabeta? La segunda cuestión comporta el terrible problema de la raíz última de una época y su relación con figuras de una edad lejana; el problema de la repetición o analogía en el movible curso de la historia.

La primera cuestión se confunde casi con la de la efectiva popularidad de Séneca en la memoria del pueblo español, su permanente arraigo. No es cosa de demostrar; parece estar reconocido por las gentes más autorizadas. Menéndez Pelayo habla del senequismo español. Ángel Ganivet, senequista él a su manera, en el *Idearium español,* bellísimo libro de esa especie que puede salir de la propia conciencia y que el español finge no haber leído, dice a propósito de Séneca: «Séneca no es un español hijo de España por azar; es español por esencia». Y lo que vale más que esta definición, una confesión: «Cuando yo, siendo estudiante, leí las obras de Séneca, me quedé aturdido y asombrado, como quien, perdida la vista o el oído, los recobrara repentina e inesperadamente y viera los objetos, que con sus colores y sonidos ideales se agitaban antes confusos en su interior, salir ahora en tropel y tomar la consistencia de objetos reales y tangibles».

Tal género de arraigo en la vida de un pueblo, que hace que sea la esencia misma de su espíritu y que tenga la virtud de revelar la realidad a sus más preclaros hijos, es algo de suma gravedad para el estudio histórico; es nada menos que la gravísima cuestión de la tradición que tantas confusiones provoca y tantos endiablados equívocos trae. Pero en esta dimensión no vamos a analizar a Séneca, a Séneca figura de la vida española. Aunque, como se verá, no anda muy lejos de la segunda cuestión, la de los «renacimientos». Porque si algo tiene capacidad de renacer, de aflorar casi repentinamente a la conciencia de una época es, sin duda, a causa de la profundidad de su arraigo. Es decir, que sólo puede renacer lo que está en una tradición, aunque olvidada. Y lo que renace constituye algo tan firme que a veces podemos volvernos de espaldas a ello, casi, casi desdeñarlo.

Y es instante de angustia cuando hacia ellas nos volvemos. Estas figuras populares y capaces de renacer, lo hacen de una cierta manera, atraen nuestra atención por diferentes motivos. No es una función de unos conceptos que necesitan ser aclarados en función del movimiento mismo de la historia de la filosofía, ya que de un filósofo se trata. No es el renacer de una noción de ésas que nacen por virtud de una intuición genial anticipadamente al tiempo en que puede ser aprovechada y aún entendida; por su clarividencia, puede quedar solitaria, cubierta por su propia luz, gris a la mirada de los hombres que no están preparados para sacar de ella su lección. Ni una de esas ideas que fueron una carga para la cabeza donde se posaron. No; Séneca vuelve sencillamente porque le hemos buscado, y no por la genialidad de su pensamiento, ni por nada que tenga que ofrecer al audaz conocimiento de hoy. Vuelve porque le hemos descubierto como en un palimpsesto debajo de nuestra angustia, vivo y entero bajo el olvido y el desdén.

Es, pues, en virtud de una situación que estamos pasando, por lo que acude a nuestra memoria este su tesoro. La recordamos, volvemos hacia ella más bien como a una vieja casa abandonada donde nos sentimos seguros; y así la primera sensación que tenemos ante la actualidad, que es el primer momento de este género de renacimientos, es de alivio, como de haber encontrado un seguro lugar, un posible retiro con el que no contábamos. Pero el segundo momento es de un cierto azaramiento, de inseguridad e inquietud, porque no sabemos con certeza qué significa este encuentro. A la alegría por haber descubierto este tesoro sin esfuerzo, este *antepasado* que vivió por nosotros, como sucede, en realidad, con todo antepasado, sigue la angustia de no saber a qué nos compromete su aceptación. Entonces nos preguntamos por qué hemos vuelto a él, por qué lo hemos recordado, cuál es la necesidad íntima que nos ha movido y si no podríamos nuevamente olvidarlo.

Pero el olvido, si es posible, resultaría una turbiedad más en nuestra ya turbia vida.

Porque una figura así apetecida es sólo una incógnita si no averiguamos lo que de verdad nos trae, lo que de ella vamos a buscar; cosa que puede o no coincidir con lo que de ella ha trascendido en otros momentos.

Y lo primero que tenemos es que este género de actualidad que nace así de las entrañas mismas de nuestro presente sólo puede suceder con cierto género de seres o criaturas de la historia, con aquellas que vamos a llamar figuras; figuras a causa de su acabamiento, de su presencia y de la multitud de perspectivas que ofrecen y de su corporeidad. Como los cuerpos físicos, tienen también resistencia; se nos imponen porque nos limitan. Pero, criaturas humanas, nos prometen o nos amenazan, son depósito de nuestra esperanza y de nuestro anhelo. Y como criaturas del tiempo ya ido, son enigmas que necesitan una nueva interpretación para liberarnos de su prestigio. Pues todo lo que pertenece al pasado necesita ser revivido, aclarado, para que no detenga nuestra vida.

Universalidad de Séneca

Entre estas figuras, no todas tienen el mismo radio de acción; algunas quedan y permanecen como categorías de la vida de un país, de un pueblo. Y dentro de él es donde pueden renacer y cobrar nueva vida; únicamente dentro del círculo de sus problemas tienen sentido. Dioses lares salidos de la sustancia de sus ideas, son tesoro privado, que apenas otro de fuera puede observar.

Mas hay otras a las que, sin duda, Séneca pertenece y cuyas características afectan a todo hombre.

Séneca nació, como es sabido, en un rincón provincial de la España romana, en la silenciosa, encalada Córdoba. Salió de ella sin que a ella jamás retornara. Y sin embargo, es de los pocos hijos de España que le han devuelto, acuñada en moneda indeleble, la vida que de ella sacaran. No es éste el lugar de mirar a Séneca en lo que significa para la tradición de la cultura popular española. Al contrario, hay que seguir el rastro de su universalidad; de ver el motivo de su renacimiento.

Ser figura de la historia universal, más allá del país, del terruño que le diera a luz, sólo puede acontecer a los que han encarnado una de las maneras más fundamentales de ser hombres. Porque el hombre es una criatura que admite, y aun requiere, varias versiones. Y cada una de estas versiones ya realizadas es precisamente una experiencia histórica, una figura trascendente. Una figura, un camino; una manera de aceptar la vida y la muerte.

Y aun esto es posible realizarlo con mayor o menor perfección. Hay versiones del hombre más afortunadas que otras, por haber sido llevadas a su extremo implacablemente por aquel a quien le tocó realizarlas. Son caminos recorridos valientemente hasta el final, posibilidades consumidas, verdades consumadas hasta hacerse transparentes. A quienes así la vivieron, debemos doble gratitud: por haber aceptado su difícil papel de vivir para todos una posibilidad humana, y por haberla vivido con esta entera virtud, con esta entereza sin menoscabo. Son las figuras más claras, más nítidas y, por tanto, las más permanentes, las más apropiadas para obtener estas repetidas resurrecciones de que hablamos. Porque el hombre es una criatura perezosa y ama la claridad que le dan hecha más que aquella otra que tiene que ir a buscar. Hay figuras que tenemos que prolongar en nuestra mente, que tenemos que completar; sus límites son, por ello mismo, imprecisos y confusos, pues están confiados a cada uno. Vacilan y tiemblan como figuras reflejadas en un espejo de desigual transparencia.

Séneca apuró sus propios límites; su figura tiene la corporeidad de una estatua; y su pensamiento el dibujo preciso de un estilo.

Y sin embargo, con ser una figura terminada que no tenemos que prolongar en nuestra mente con nuestro esfuerzo, Séneca no se nos aparece ya desde esa lejanía extrahumana. Al revés, lo sentimos por encima de nosotros pero cercano, familiar; lo que no quiere decir que sea claro. Pues suele suceder que los mayores misterios están en lo familiar y cercano, sin que sepamos si el misterio reside acaso en la proximidad misma, en el hecho de que algo sea familiar, o está en el género de verdad que nos propone.

Por eso, justamente, es Séneca una figura que necesita descifrarse. Es clara, está perfectamente acabada y realizada; mas tiene misterio. Y tiene misterio, además, a causa de su seducción. Lo excesivamente claro no suele seducirnos tanto; tal vez por eso tendemos a ver misterio donde hay hechizo, aunque este hechizo provenga de algo claro o de la claridad misma. Séneca tiene una gran claridad; su pensamiento no necesita ser desvelado, como en general el de los estoicos. Su misterio y su seducción provienen de que, sin duda, nos propone algo, algo de lo que querríamos librarnos, alguna solución para nuestra vida que querríamos evitar, algún camino que no acabamos de querer recorrer.

Pero esto no es extraño. Todos aquellos a quienes la antigüedad, es decir, la antigüedad anterior al cristianismo, o la que al lado del cristianismo no era cristiana, llamaba filósofos, son portadores de una amarga medicina; nos tienden alguna cicuta que ellos apuraron con valor. La filosofía antigua, y de ella, todavía más, la estoica, es amarga medicina, vigilia y desvelo; despertar a alguna verdad que pide todo nuestro valor. Séneca pertenece a esta estirpe de antiguos filósofos que nos trae el amargo despertar de la razón que nos sacude de nuestros delirios y ensueños para hacernos «entrar en razón», como el pueblo español dice todavía. Y sin embargo, si nos acogemos a él es precisamente porque no acaba de ser como los otros, porque vemos y sentimos en él no sé qué cosa de suave y acallador. Porque no vemos en él una razón pura, sino una razón dulcificada. Porque no es enteramente un filósofo, sino un meditador sin sistema, sin demasiada lógica; porque el pensamiento que de él mana no es coactivo y tiene algo de musical. Son acordes que acallan, adormecen y suavizan, al revés de esas otras filosofías que nos obligan a estar horrorosamente despiertos. Vemos en él a un médico, y más que a un médico a un curandero de la filosofía que, sin ceñirse estrictamente a un sistema, burlándose un poco del rigor del pensamiento, con otra clase de rigor y otra clase de consuelo, nos trae el remedio. Un remedio menos riguroso que, más que curar, pretende aliviar; más que despertarnos, consolarnos.

Y aun algo más, como esperamos se vea.

Séneca mediador

Si Séneca nos atrae es porque pertenece a una rara especie de hombres, a esos que no han sido enteramente una cosa sino para ser otra, a esos de naturaleza mediadora que a manera de un puente se tienden entre nuestra debilidad y algo lejano a ella, algo invulnerable de lo que se siente necesitada. No es Séneca un pensador de los que piensan para conocer, embelesado en una investigación dialéctica, ni tampoco lo vemos lanzado en la vida, sumergido en sus negocios y afanes y ajeno al pensamiento. Es propiamente un mediador; un mediador, por lo pronto, entre la vida y el pensamiento, entre ese alto *logos,* establecido por la filosofía griega como principio de todas las cosas, y la vida humilde y menesterosa.

Condición de mediador que, es cierto, puede surgir en cualquier tiempo y ocasión, pero que parece se diera con más abundancia en aquella época de florecimiento de nuestro filósofo.

Séneca viene a ser así la realización de algo cuya necesidad era sentida intensamente, el cumplimiento del anhelo disperso en todos los hombres; viene a ser, también, como la versión auténtica de muchos apócrifos. Entre todos los Sénecas de la hora, el verdadero.

La hora de Séneca

Y llegamos ahora la delicadísima cuestión del tiempo en que Séneca apuró sus días, en que se encuentra, tal vez, la clave de nuestra demanda a Séneca. ¿Vivimos una hora semejante? Cuando Séneca vivía, el hombre era demasiado rico y demasiado pobre; demasiado sabio, lo suficiente para andar perdido en sus saberes. Pero más que perdido, diríamos que andaba despegado. Y más que despegado, desamparado.

Quizá nunca se haya dado tal grandeza de poderío humano, y nunca tanta de saber filosófico. A la hora de Séneca, siglo de Cristo, los filósofos poblaban las calles de la capital del Imperio. La filosofía de Platón y Aristóteles se había acallado y como detenido, seguía emparedada en una escolástica que parecía impotente para prender en el corazón de los hombres. Era una filosofía que exigía la esclavitud de la mente y un como morir en vida. Aristófanes se había burlado de Sócrates diciendo que sus discípulos andaban «medio muertos». No sabía, sin duda, lo que decía el burlador, pues como a todos los burladores, sus burlas le sobrepasan. Pues así tenía que ser, en efecto: la filosofía que Sócrates proponía a los hombres como camino de salvación, y más todavía la que propondrían después Platón y Aristóteles, exigía un como morir en vida; situarse más allá de sus límites era el camino de salvación. Pero la «vida contemplativa» requería tal renuncia por una parte y tal actividad por otra, que pocos, una escasa minoría aristocrática, era capaz de consagrarse a ella. Por otras razones, que no podemos desplegar aquí, esta filosofía platónico-aristotélica no podía alcanzar vigencia, es decir, encarnar, hasta la llegada del cristianismo. Sólo alimentada por la creencia cristiana que nació al margen podía descender al corazón acongojado del hombre, podía calmar la miseria humana.

Estos filósofos no poblaban las calles; sus oyentes no detenían el tráfico, ni importunaban a los jóvenes camino del gimnasio, como en otros tiempos Sócrates. Retirados del bullicio, se semejaban más a los que, no mucho después, iban a ser los realizadores de esa «vida contemplativa» en la vida monástica. Los que poblaban las calles eran otros: estoicos, epicúreos, cínicos y cirenaicos. La figura del «maestro» se había escindido, Platón y Aristóteles le habían seguido en el pensamiento, habían proseguido su dialéctica, mientras los otros parecían estar más cerca de su vida. Vivían su filosofía dispersa y callejera, mezclada con la vida, pretendiendo dirigirla y, sobre todo, practicando la pesca de almas. No aguardaban, sino que salían al encuentro del discípulo. Especie de filosofía un tanto turbia y azorante que participa en muchos de sus caracteres de una fe, de una creencia, de una religión. Pues ellas son las que tienen tanto empeño en propagarse. La filosofía pura, en verdad, la razón en su marcha, más que propagarse se preocupa de seguir. Mientras todo aquello que es fe, creencia religiosa, aunque así no se llame, cuida ante todo y sobre todo de la propagación y desde luego la consigue en grado mucho mayor que el puro pensamiento.

Mas estoicos y epicúreos no sólo practicaban en la calle lo que hemos llamado la pesca de almas. Esto, en verdad, era más propio de los cínicos que de los estoicos, quienes significaban dentro de todas estas sectas la más aristocrática. Por más de un carácter, por ser, desde luego, la más propia de gente de alta situación social, como Séneca, y por ser de entre estas sectas vocingleras, la más callada, la más reservada y prudente.

Y mientras cínicos y cirenaicos andaban proclamando a voces, a gritos, la desoladora verdad del hombre, su desamparo y desnudez, los estoicos la encubrían. Lejos de proclamar el desamparo, la aflicción de las gentes, buscaban su consuelo. La floreciente literatura del tipo *De Consolatione,* de estoicos y epicúreos, delata este afán de consuelo, de alivio, que andaba ejerciendo esta filosofía... ¿Consuelo y alivio de qué? Concretamente, podríamos responder con suma facilidad· de la enfermedad, de la muerte de un ser querido, de la pérdida de la fortuna, del destierro, de la ausencia; pero cuando una filosofía se preocupa de todo eso que ya da por sabido ¿es de veras filosofía?, ¿o no está ocupando el lugar de algo que no es filosófico?, ¿a quién suple?, ¿qué hueco llena?, ¿qué ausencia cubre? Y sobre todo, ¿qué enfermedad, escondida en el fondo de tantas enfermedades, trata de hacer llevadera? Porque la filosofía no podría distraerse de su empeño esencial para hacer frente a estas desgracias particulares que toda vida lleva consigo. No, no se ha distraído sino que realmente es ella su tarea, su razón de ser. Es la filosofía, la razón compadecida de la condición desvalida del hombre. Es, en cierto modo, la entrada de la misericordia y de la piedad en la razón antigua. ¿No es natural que Séneca, el provinciano de la

Bética, haya alcanzado aquí su dominio: en esta filosofía, menester misericordioso, negocio de curación de ir matando el tiempo y las penas, de ir soslayando la vida mientras llega la muerte y de aceptar la muerte como si fuera también la vida, deslizándose en ella mansamente y sin quejarse?

La razón desvalida

Porque estos filósofos, cínicos, y sobre todo estoicos y epicúreos, eran filósofos para ser en realidad otra cosa, una especie de médicos, de curas párrocos o frailes caritativos. Habían acudido a la razón, sí, mas no a la razón más perfecta y desarrollada, la platónico-aristotélica, sino a alguna otra anterior a ella, más reducida y más conveniente. Con el nombre de filósofos vivían algo muy parecido a una religión.

Porque la razón platónica, aun reforzada por la física y metafísica de Aristóteles –explicación de la realidad tan leal a sus principios racionales que por muchos siglos había de subsistir–, no pudo desvanecer la enfermedad de la hora: el *terror humano*. No pudo; pues, además de otros problemas que no pudo llegar a resolver por el propio horizonte en que estaba enclavada, se le atravesó algo de por medio. Algo tan importante como el poder, el poder encarnado por el Imperio Romano. Y ante este nuevo obstáculo la razón ya no pudo asegurar su obra. De ahí que las palabras de un Lucrecio sean tan tristes, tan amargas como las de Heráclito en el comienzo de la filosofía, pero menos esperanzadas. A la melancolía, por el correr del tiempo, del que se sabe sumido en la naturaleza, se ha unido ahora la amargura infinita de sentirse a merced del poder, ejercido en su bárbara grandeza.

El hombre que vivía bajo el poder romano se sentía más huérfano y solitario, más angustiado, que aquel que viviera antes de que Sócrates enseñara que la virtud puede enseñarse, es decir, que somos dueños de nuestro destino. Puesto que esto, el que la virtud dependa de nosotros, nada remedia, si se quiere vivir acá abajo.

El ímpetu de Platón había elevado la razón al alto lugar donde permanece sustraída al tiempo; la razón humana participa de ella. Descubierto esto, la vida seguía siendo imposible, pues faltaba otra cosa que reducir, más terrible todavía que el vaivén de la naturaleza, que el correr del tiempo: el desate de las pasiones humanas y su subida al poder, a un poder sin límites.

Porque esta razón fracasó, dentro del mundo antiguo, una vez que Platón no lograra establecer en parte alguna su República, una vez que ni siquiera una isla de esas donde todo ensueño tiene realización se le brindara para el imperio de la justicia y de la razón. Quedaba desvalida, al margen del Estado.

Y el hombre que tenía que vivir bajo ese poder o con él no podía atenerse enteramente a ella. No podía regirse por ella, a no ser que estuviese decidido como Sócrates a ofrendarle su vida o a consumirse en ella. Después de la muerte de Sócrates, Platón tuvo que pensar su República, que era la única salida para que el filósofo pudiera existir. No sería esa su justificación, sino el establecimiento del bien entre los hombres, pero la verdad es que era la condición de la existencia misma del filósofo. Tenía que imperar, hacer efectivo su imperio, tenía que pedir el poder para poder subsistir.

El poder, el poder que llegó, no fue por cierto éste de los filósofos, el que haría del mundo su casa, la casa de la razón, ya que no la casa de Dios, sino el poder sin más, el poder apoyado en sí mismo. Y con el Imperio Romano el poder sin más justificación que el poder, borrando su ligazón con la justicia y el derecho, con la libertad. Libertad que no era sino el resquicio concedido a la razón para su existencia a medias, para su media vida. Y sin embargo, la razón, la razón platónico-aristotélica, seguía estando ahí, pues que había sido descubierta y no podía ser olvidada. Tampoco podía vivir entre los hombres, es decir, alcanzar vigencia, pues los dos caminos en que esto podía realizarse estaban cegados. Uno era éste, y todavía no ha sido abierto, quizá jamás lo sea, el *reino de la justicia*, de la justicia inexorable del ser, tal como Platón lo pidiera. Otro camino, que sólo con el cristianismo se habría de realizar, el camino que abre las pruebas de la inmortalidad del alma, que da en términos racionales lo que el cristiano sabría luego por fe. El camino también del «amor platónico» y de la «teoría de las ideas», que habrían de salvar al hombre de las pasiones y el mundo visible de las apariencias. Nociones todas ellas que el cristianismo habría de hacer efectivas, vigentes en el alma humana. Porque el cristianismo trajo lo que faltaba: la noción de trascendencia y de un ser trascendente, la Creación. Y aun la misericordia.

Seguía, pues, en los días de Séneca estando presente la alta razón. Si el hombre quería formarse una idea de sí mismo no a otra cosa que a la razón tenía que acudir. Y tenía que formársela, pues, sin noción acerca de sí, el hombre no puede vivir; tiene que saber *quién es* y lo *que es*. Pero enseguida venía el desmentido, el desmentido del poder imperante sin límite y sin medida. La cultura griega, lo que el espíritu de Grecia creara como revelación del hombre y aun de la misma naturaleza que sometió a medida, era incompatible con la vida real, tal como tenía que ser bajo el Imperio donde nada tenía medida, número ni armonía. El alma griega, o engendrada por Grecia, tuvo que sufrir la más amarga servidumbre en este Imperio; tuvo que sentirse sin asidero, desvalida en medio de la pompa inhumana de este poderío sin medida. El alma, que se había desprendido de sus religiosas entrañas y de su ensueño poético para despertar a la realidad y que transigió con este despertar que le trajo la filosofía, a trueque de reducirla a medida, de encauzarla en la razón, de encontrar su orden. «Ordenación, postura y figura» (*táxis, thésis* y *schêma*), que decía Demócrito, eran las diferencias de los seres. Diferencias aniquiladas, burladas en la vida humana por el allanamiento terrible del poder. Debía de ser terriblemente amargo haber descubierto el orden, la figura de los últimos elementos de la realidad, haberla hecho transparente, encontrado su medida, su razón, para vivir luego en un mundo sin razón y sin medida, para vivir en un mundo donde el absurdo y el delirio eran la realidad diaria. La vida era de nuevo una pesadilla; los antiguos y desiguales dioses ya vencidos por la filosofía, con nombre de Emperador, estaban en el poder sin elemento poético alguno, sin esa cierta libertad que los antiguos dioses dejaban. Era el retorno al mundo del rencor y de la venganza; al mundo del delirio y del capricho, pero viéndolo ya instaurado, victorioso sin restricción alguna: totalitario.

Muchos debieron de querer renunciar a la razón, al ser, a la medida y, desde luego, a la «unidad» y a la «idea». De ahí el poco auge de platónicos y aristotélicos. Muchos debieron de querer renunciar a toda razón, no ya a la razón dialéctica, sino a la primera razón descubierta por Heráclito y al simple preguntar de Tales y Anaximandro. Renunciar a lo que significa la pregunta filosófica, fundamento de toda pregunta con sentido. Y siendo imposible, tuvieron que acudir a la razón en cierta medida, a la razón restringida, como mediación y como consuelo. De ser la amarga medicina de Heráclito que nos despierta para entrar en razón, tuvo que plegarse a ser la medicina, el suave remedio que da fuerzas, que mantiene mientras es posible, y que señala un límite también, que, al no ser respetado por el tirano, hará que termine la vida, la de Séneca el acomodaticio, la de Séneca el abogado, como terminó la de Sócrates, el que jamás cedió cuando de la razón se trataba. La razón mediadora fue igualmente rota y allanada por el poder, que cuando nace al margen de ella jamás podrá soportarla por mucho que se curve y encubra.

Retornaba el antiguo terror, la dependencia absoluta de la suerte humana de otra cosa. La vida estaba otra vez, más asfixiantemente que nunca, sujeta al temor y a la esperanza. La razón acudía de nuevo a liberarla de ella, mas como era un temor y una esperanza que, además de su antiguo y eterno origen –el temor y la esperanza de la muerte–, tenía ahora otra referencia aún más agobiante, la sujeción al poder de otros hombres, la razón tenía que proceder de diferente manera al desatar los lazos.

Era la tarea principal de las escuelas filosóficas vigentes en aquel tiempo, de la razón vigente, se llamase cinismo, epicureísmo, estoicismo. Séneca ingresó en ella, se hizo estoico. ¿Cómo lo fue? Porque no parece que fuera un estoico más; su figura no sería tan acabada, no hubiese alcanzado tanta trascendencia, si solamente fuese uno más de la Escuela. O fue el perfecto estoico, aquel en quien de modo más transparente se dan los caracteres de la secta, o fue estoico de modo diferente, con acento y estilo personal. Senequismo es algo más y algo menos que estoicismo a secas. Es, por una parte, estoicismo realizado a causa de su vacilante vida y de su serena muerte. Y es que tal vez Séneca sea las dos cosas, un perfecto estoico y un estoico diferente. Perfecto en cuanto a su actitud; diferente en cuanto a la doctrina y, sobre todo, al estilo.

La actitud estoica parece transparentarse en él de modo perfecto; tiene su cautela, su habilidad, su vacilación y su orgullo, y su relativa impureza. Fue la de todos y, sin embargo, en ningún estoico como en Séneca vemos aparecer tan nítidamente el fondo último del estoicismo: la resignación.

Mas esta resignación no se nos ofrece dogmáticamente, sino de acuerdo con lo que podríamos llamar su naturaleza, lenta, suavemente, por medio de una razón persuasiva, de una razón mediadora que apenas se nombra a sí misma y que si lo hace es para echar mano del antiguo prestigio. No es una vida penetrada de razón, sino una vida resignada, lo que Séneca nos induce a seguir. Y sólo en virtud de la resignación la razón llega, pues sólo la razón es quien puede conducirnos a ella. Pues si la razón no nos asistiera, la resignación sería imposible, cedería el lugar a lo que hay en el fondo de antemano, a lo que fuerza y motiva la resignación, la desesperación.

La resignación es, además y ante todo, un movimiento regresivo, una vuelta, una retirada, en lo que no es azar que Séneca sea el genio, pues en esto de las retiradas ha sido maestro el genio español. Una vuelta y una retirada hacia algo que se había abandonado por la esperanza; hacia una fe antigua y por ello abandonada; un regreso histórico. Suceso que suele ser síntoma, y muy claro, de crisis histórica. Cuando la resignación parece ser el remedio mejor para la mayoría de los hombres que viven despiertos, para eso que Ortega ha llamado «las minorías», es que estamos, sin duda, atravesando una crisis histórica.

Séneca perteneció, como es sabido, a esta clase de hombres, a la minoría intelectual y a la social, a aquellos que en sus días gozaron de la plenitud de las riquezas, de los honores y del saber. Y teniendo todo esto bajo el esplendor del Imperio Romano nada mejor podían hacer, nada podían hacer, en realidad, que no fuera esto que Séneca supo hacer con incomparable maestría y que, por ser su remedio, nos lo propone como el remedio único y de todo tiempo: resignarse.

Resignarse es lo que va a imprimir ese carácter tan especial al estoicismo, y más aún al senequismo. Que no es razón sistemática, ni pura filosofía, ni religión, al modo de todas las religiones, sino algo que oscila entre las dos, que participa de la naturaleza de ambas, de la filosofía y de la religión, oscilación en la que estriba su originalidad y el secreto de su seducción. No es una fe, pues que nos propone vivir sin ella, y más todavía porque nos hace recoger y renunciar a la esperanza. El que se resigna, lo hace a esperar, vuelve de su esperanza, pero se detiene a mitad de camino antes de caer en la desesperación, se evade de los dos polos esperanza-desesperación como el budista se evade de la cadena de la generación y de la muerte, apartándose a un lugar más allá de la muerte y de la vida. El que se resigna, se evade más allá del «temor y de la esperanza», como Séneca repite constantemente que hace el sabio. Se retira a un lugar al margen y más allá de la esperanza y de la desesperación. Se retira, en cierto modo, de la vida.

Porque vivir es un acto de fe ante todo, un abandono a la confianza bajo la que se encubre la esperanza. Por eso, las religiones que atienden y extreman la confianza y la esperanza son la vida llevada al extremo, la máxima vida; de ahí la embriaguez que producen. No es una religión el estoicismo en este sentido, pues no nos lleva más allá de la confianza y del esperar. Mas tampoco es enteramente una filosofía, si por filosofía entendemos «el saber universal» que dijo Aristóteles. Es una mezcla de ambas, algo que siendo filosofía funciona como religión o, tal vez, una religión de contenido filosófico. ¿Pero este contenido filosófico es lo esencial, lo verdadero del estoicismo? O ¿habrá bajo él una creencia, una antigua creencia? Así lo creemos. Y entonces la regresión resignada sería la vuelta a una fe perdida. Perdida y demasiado amarga, una fe con respecto a la cual la filosofía griega, especialmente la de Platón y Aristóteles, significa una esperanza, un ensanchamiento del ser del hombre, una seguridad casi; casi un imperio. En los tiempos de Séneca se regresaba desde ese anhelo, íbamos a decir ensueño, de razón, a la antigua fe inconmovible; a una fe casera, doméstica, que estaba ahí guardando las espaldas. Una fe que para el alma antigua era su fe, esa fe que como sustancia de un pueblo constituye su último fondo inconmovible y que puede soportar sobre sí el peso de la razón mientras crece y llega su plenitud. Y que al encontrarse esta razón desvalida, al querer caminar por sus propios pasos, aparece de nuevo.

Es la fe antigua, la primera del alma griega, clarificada en la mente de Heráclito, la fe de la naturaleza como *logos*, como *medida* de algo, fuego que siendo cambio incesante es, al mismo tiempo, medida. Es esa imagen del universo a la que la mente griega se aferra, fe al margen de la mitología. La fe en un mundo que fuera, como decía Demócrito, figura y orden. Pero esta fe no era como la del pueblo hebreo, la fe primera hallada, encontrada. El fuego de Heráclito no se había revelado en su pura presencia, como la zarza que ardía sin quemarse, a Moisés. Había sido descubierta por la mente filosófica y era, sin embargo, una fe, la fe hallada por el hombre para tranquilizarse en su horror ante la enormidad de las fuerzas físicas y de los dioses. Fe en la medida del orbe, en que la realidad fuera mundo, realidad sujeta a ley. Son los grandes descubrimientos griegos a los cuales se agarran como a una fe, que funcionan como una fe; así sucedió con el número de los pitagóricos.

Cuando la razón en su espléndido desarrollo se vio desvalida, cuando el hombre bajo el poder romano quedó desamparado, esta antigua fe es la única salvadora para los hombres que sentían el horror del desorden sin sentido, el horror a la realidad que participa de los antiguos dioses, porque estaba fuera de medida y de razón y, todavía mucho más que ellos, no tenía en cuenta las humanas entrañas. Una realidad que no estaba abierta a la razón, pero tampoco a la esperanza.

Séneca vivo

Séneca es uno de los sabios que realizaron mejor ante los ojos de las gentes este retorno a la antigua fe, este despertar a una fe desoladora y que era el único consuelo. Mas, como Sócrates, vivió para los demás. De ahí la virtud que tienen de inspirar ese especial apego que por ellos siente el hombre que nada sabe de filosofía. Porque usaron de la misma razón, una razón persuasiva y no dogmática, y en las dos la piedad se filtra en una doctrina nada piadosa por naturaleza, pues ni la verdad de Sócrates, ni la de Séneca, estaban concebidas por la piedad.

Y el que la piedad llegase a sitio tan contrario como la razón, nos muestra hasta qué punto el hombre se sentía desamparado, hasta qué punto la misericordia era el lugar de la verdadera crisis del hombre antiguo, a quien la razón platónica le dejaba desamparado y a quien la noción de naturaleza le era ya insuficiente. Este retorno piadoso de la razón sobre una antigua fe olvidada manifiesta uno de los instantes más dramáticos de la historia humana, instante, por otra parte, repetido; el instante en que una sabiduría resulta al mismo tiempo demasiado y demasiado poco, insuficiente y despegada; el momento en que la razón no se adapta a la medida del hombre, y el hombre se ha quedado solo.

Séneca es uno de los sabios mediadores que, abandonando el recinto de la pura sabiduría, tiende hacia el hombre, hacia el hombre de la calle, de toda clase y condición, una mirada misericordiosa; y se dispone a darle, no ya lo que sabe, sino lo que él necesita. Y está casi dispuesto a hacerse traición comprometido en esta mediación. Si se mira a Séneca desde la pura razón, parece casi que se propusiera jugar con la razón o suavizarla de tal manera que peligra su integridad; si se le contempla desde la naturaleza humana, puede tener algo de embaucador, de curandero, de charlatán que nos induce a un remedio que es solamente un alivio, un consuelo. Y tal juego llevado a toda la perfección de que es capaz un español de la Bética, quien no parece haya creído nunca en la verdad desnuda.

Y tal vez por ser de esta manera, cuando se dice «filósofo» entre el hombre desvalido que espera algo de la razón, entre aquellos que no han olvidado que la vida es una dispersión que necesita de la unidad y una confusión que apetece ser aclarada, cuando entre ellos se dice «filósofo», aparece en su conciencia la imagen no de un sabio moderno, sino de un filósofo de la Antigüedad, uno de la especie Sócrates, pero más todavía de la especie Séneca. Ser un Séneca para el pueblo español es ser un sabio que persuade a todos de que pueden serlo, de que pueden, si buscan, encontrar en su desamparo mismo la fortaleza.

Dibujar el pensamiento vivo de Séneca no es, por tanto, sino dibujar su figura viva. Trazar el esquema de su persona. Y cuando ha llegado un tiempo en que el hombre, más que nunca rebelde, rebelde ante la razón, ha rechazado desde hace tiempo todas las mediaciones, quizá no quede más recurso, más aplacamiento, que éste de rememorar figuras, criaturas que de su tiempo supieron hacer una trascendencia, algo que, escapándose de sí, está y no está en el mundo, pues para estar necesita ser apetecido, ser buscado y sobre todo ser necesitado. Figuras, hombres que invirtieron su caudal en realizar algo cuya existencia está a merced únicamente de la necesidad de los demás. Seres que existen solamente si los necesitamos; que no nos agobian, que no nos oprimen con su presencia, a la manera de otras figuras históricas que se alzan como pesadillas agobiándonos con su tremenda trascendencia. Séneca es un mediador que para alzarse sobre nosotros necesita de nuestra necesidad. Precisa que lo hayamos precisado, pues sólo apoyado en nuestra indigencia reconocida tiene sentido, tiene realidad. ¿No es en verdad una anticipación, la mejor, de lo que se llamó después caridad? Y lo extraño es que esta caridad en el orden del saber se ha realizado antes de que tal nombre fuera entronizado por la religión. Y que bajo ella, bajo la religión de la caridad, la razón ensoberbecida haya renunciado a servir a la necesidad, a la indigencia humana. Uno de tantos problemas que la historia nos tendría que descifrar.

Merece, pues, la pena el mirar algo más de cerca a esta figura seductora; es sorprender al mismo tiempo la fe antigua, a la que se vuelve de la aventura de la razón, y sorprender lo que hace la razón cuando quiere suplir a la religión, cuando se convierte en medicinal y consoladora, penetrada de caridad. Será también sorprender un poco a una especie de sabio, de intelectual diríamos hoy, que se ve a la cabecera del hombre desahuciado, cuando a solas ha renunciado a todo, a todo lo que puede renunciar una razón, una filosofía; a todo menos a aquello que empezó siendo su punto de partida en Grecia: resignarnos a aceptar nuestra condición humana.

Un sabio

Séneca representa para la cultura popular la figura del sabio; así es como está dibujada en la imaginación española. Pero cuando renace, cuando viene a nuestra memoria, es también así, un sabio, es decir, algo que ya no hay.

La imagen del sabio corresponde a la Antigüedad, entendiendo por ella el mundo no cristiano, ya por no haber todavía cristianismo, o por ser perduración, al lado del cristianismo, del mundo pagano. Sabio es una figura del mundo pagano, oriental en su más noble antigüedad; es en realidad una de las cosas que Grecia conservó del Oriente, de las muchas cosas, ideas, maneras de sentir la vida y la muerte orientales que Grecia clarificó en su alambique.

Todo sabio conserva esa raíz antigua, no occidental todavía, y por ello resulta un aplacamiento para la mente activa europea, moderna. Pues aunque la palabra «sabio» haga alusión y se dirija claramente al saber, no tiene su esencia en él, como el intelectual moderno. Aristóteles dice en su *Metafísica*, al comienzo, que de todos los saberes la filosofía es el más noble, valoración que ha permanecido, pero que no ha sido ciertamente muy verdadera. Es muy dudoso que en el sabio, o en el intelectual europeo a partir del Renacimiento, la pasión de saber que le ha devorado no haya tenido otras raíces que algo más que el saber mismo, como lo es también en el mismo Aristóteles, al menos en la filosofía griega, dentro de la cual él estaba enclavado como su plenitud y madurez; bajo el deseo de saber hay siempre algo, un deseo, una necesidad, un amor, una voluntad.

Esto último, *voluntad,* parece ser que era el último sustrato del intelecto europeo moderno en su loco afán de descubrir la verdad, o las verdades. Más que amor por la verdad, ha sido una tremenda avidez que ha devorado al hombre, que lo ha empujado sin dejarle sosiego alguno.

Es lo que por el pronto diferencia al «sabio» del intelectual, filósofo, hombre de ciencia: su quietud. No aparece devorado por nada, ni impulsado por cosa alguna; por el contrario, parece haber llegado al final de sus ansias, haber descansado en vida. Y así es: sabio es aquel que ya en vida está como si hubiera muerto. Es el que está maduro para la muerte, aquietado, dispuesto a marchar sin desgarramiento.

Lo repiten los filósofos griegos, y ellos concuerdan con el sabio oriental en que está ya muerto en vida. Pero, como en todo, Grecia aquí introdujo la medida; medida que proviene de haber tomado las cosas en su esencia verdadera; no de haberse detenido pusilánimemente a la mitad. Si la razón griega trae medida es porque cala en lo hondo de la esencia de las cosas y es su trasunto, no porque se detenga cautamente en nada, sobre todo según lo que hoy entenderíamos por cautela.

Mas, si Séneca es un sabio de este estilo, del que está «maduro para la muerte», del que no pretendía conocer por conocer, sino para saber vivir y morir, lo es de cierto modo sumamente curioso y notable. Porque él mismo nos dice: «El peor de los males es estar muerto antes de morir». Y esto, parece, es bien poco oriental, bien poco de la filosofía griega en su camino contemplativo.

Pero es que Séneca no es un filósofo, y del filósofo es de quien se dice que ha de estar maduro para la muerte, y como compenetrado con ella, en Platón y Plotino. No es tampoco un místico como el sabio oriental que busca en vida desnacer, nacer, borrar la agitación del nacimiento. Es un sabio a la defensiva.

Esto, «ser un sabio a la defensiva», es característico de la época de Séneca y dentro de ella del estoico y del epicúreo, no del cínico, que es agresivo, activo casi como un cristiano. Es lo propio del estoico, porque el filósofo estoico no es un filósofo que se haya hecho tal por amor a la sabiduría, por ansia de verdad, sino que ha ido a la verdad como remedio de su vida. La verdad, la razón, tiene función de remedio, de ayuda, de algo a lo que se ha ido a echar mano menesterosamente. Nos muestra cómo al menos en ciertas épocas el mejor apoyo de la vida es lo que ha parecido ser su adversaria: la razón.

Sabio a la defensiva, en quien la verdad y la razón tenían un cierto uso abogadil. La dialéctica platónica había descendido también a ser dialéctica de contra y pro, juego de razones para defenderse ante la enormidad del mundo, de la espantosa realidad.

Séneca es la figura del hombre que se hace sabio al verse acorralado por los acontecimientos y que no habiendo querido disponer de su vida para ofrecerla a la verdad, como Sócrates, tuvo que sucumbir como él. Es la contrafigura de Sócrates; como él, sucumbió a la injusticia, mas sin esperanza. Para Sócrates, su muerte fue el comienzo de su trascendencia verdadera, pues en ella se cumplió la tragedia del profeta de la filosofía, el martirio de la razón.

Pero si Sócrates tuvo que morir fue porque pretendía la razón entera, porque perdió la vida entera para la razón, cosa que después hizo bien patente su discípulo Platón en su *República;* los filósofos se disponían a pedir el poder, y de hecho Sócrates lo andaba consiguiendo con la violencia de su seducción. Hacerle morir era la natural defensa de una vida que no estaba dispuesta a reducirse a razón.

Séneca jamás pretendió el poder para la razón, sino únicamente el poco de razón necesaria para que la vida pueda sostenerse. Dentro del regreso que fue el estoicismo a la antigua fe de Heráclito, en el fuego-medida y razón, en la razón cósmica, Séneca parece uno de los menos convencidos; en todo caso, uno de los menos creyentes; su fe es aprendida, hecha de razonamiento, de persuasión.

No es un creyente, ni en la razón. La razón en él tiene un aire como de viuda que pide lo justo para no morirse de hambre. No es una esperanza. No aspira a poseer la vida entera, el mundo, sino solamente a sostenerse en su medio-vida. La medio-vida que ha de tener ya siempre la razón de Occidente, cosa que ni Platón ni Aristóteles vislumbraran. Y así ese «entrar en razón» que Séneca nos propone comienza por ser una renuncia a la razón misma; renuncia a la razón, resignación de la razón y de la vida; de la razón a causa de la sinrazón de la vida, de la vida a causa de la inexorable muerte.

Y esta visión amarga de la vida y de la razón es la que le hace de menos desde un espacio, desde un duro clima que es necesario toda la entereza humana para poder soportar. Séneca es un sabio a la defensiva porque es un hombre plantado en la zona más amarga de la historia, cuando la esperanza reciente ha desaparecido; esa hora en que ser hombre es estar solo y tener responsabilidad. De la primera esperanza en la razón, en el orden del mundo, no ha quedado más que una lealtad y una última noción de que la vida no puede indefinidamente sostenerse en la confusión, en que una cierta ley hace falta para sostener la misma iniquidad; una cierta justicia para que la misma injusticia pueda proseguir su marcha.

Ésta es su amarga sabiduría: saber que no podemos abandonarnos a la sinrazón, ni tampoco a la razón, porque ni la una ni la otra son enteramente. Saber que en cada instante de la vida, para cada asunto y circunstancia, existe una cierta mezcla de razón y sinrazón, de ley y desorden. El sabio lo es por el acierto –en parte intransmisible–, por el arte de encontrar este punto de equilibrio, el punto de la mezcla; como el pueblo español dice todavía «una de cal y otra de arena». Es el saber moverse entre la relatividad sin descanso que es la vida humana.

Por eso, Séneca es un patrón para el intelectual que, conservando un rastro de la antigua fe en la razón, de la esperanza puesta en los albores de la razón griega, aspire a un puesto en la mesa del poder. Séneca puede ser un patrón para el que no cree en la razón pura, ni en la vida contemplativa; para el que no queriendo volver la espalda a la razón, quiere participar en la acción, en la historia. Mas para ellos mismos sería también un aviso.

La muerte de Séneca no fue, como la de Sócrates, el comienzo de sus esperanzas, el cumplimiento de su fe, sino un tremendo fracaso, el fracaso del intelectual frente al poder. Pero Séneca, sabiéndose en cierto modo culpable, murió elegantemente, sin queja y sin llanto. Retardó su muerte tanto como le fue posible, pero la sabía cierta, y le encontró ya preparado. Dilató hasta el límite el espacio de su vida y el disfrute de sus goces, rehuyó el martirio, pues sólo la razón pura, como la fe pura, son las que admiten mártires. Plotino, muerto en su lecho, apagado suavemente, tiene caracteres de mártir de la filosofía, a causa de la pureza de su servidumbre a una razón que ya no es de este mundo. Séneca, muerto por orden del poder, sacrificado por el señor a quien sirviera, no puede ser mártir. Su muerte fue un gaje del oficio: quedó cogido en los cuernos del poder, del cual su sutileza abogadil no pudo librarle. Él lo supo, y por eso compuso en su último instante una sencilla estampa, una figura de elegante y serena belleza. Murió ante las candilejas del mundo, como un torero, como un divo, como todo el que ha vivido para el mundo. Y fue un sabio porque, estando tan en la vida, no le sorprendió su propia muerte y supo vivirla, representarla. Séneca es una máscara de teatro, del gran teatro del mundo, y del más grande teatro del mundo que ha sido el español. Vivió su muerte, como Plotino murió su vida.

Máscara de teatro, figura de tragedia, de la tragedia del saber introducido en el mundo, del sabio que no se retira por falta de fe en la vida de la razón, y por ello quiere encontrar la razón en la vida, en la historia. La tragedia del intelectual político de hoy, que quiere, en el mejor de los casos, someter la historia presente a la media razón, que quiere garantizar a la razón su media vida entre el poder y el estruendo del mundo, por falta de fe en la razón entera. Porque la razón entera, como la entera verdad, ya no son de este mundo.

Y por eso Séneca es un «caso», un caso permanente en la cultura mediterránea; el de aquel que sigue estando dentro de la tragedia griega aunque pretenda denostar a Grecia por su pureza contemplativa y su exigencia estética. El que pretende superar a Grecia en vista de la «realidad», de la realidad del poder, con el cual quiere colaboración. En suma, el intelectual que comienza a existir cuando ya el sabio se apaga, el antiguo sabio oriental y griego, el sabio estampa de quietud y aplacamiento, modesto resquicio por donde se filtra, a la luz de este mundo, una luz más pura, el filósofo de la caverna. El filósofo que no sólo se violenta para salir del mundo sino que regresa a él, a salvar sus apariencias, todas sus apariencias.

Cristo había venido, vino en los días de Séneca. Los sabios griegos no lo reconocieron, no reconocieron en él a la razón encarnada. Pero siguieron leales a su principio, fieles a la razón pura, a la vida contemplativa. Los neoplatónicos; Plotino resplandeciente, que por saber renunciar a lo que le pertenecía, alcanzó la trascendencia de un modo más glorioso, es decir, a través de la religión enemiga, de la creencia cristiana.

Y comienza –Séneca es el caso más destacado– el fin del sabio, el comienzo del «intelectual». Séneca, maestro andaluz, abogado, fue el último sabio antiguo y el primer intelectual moderno, siempre a vueltas con el poder, siempre trampeando en el límite de hacerse traición.

Pero si es el sabio o intelectual, es algo más. Es también el sabio curandero, el sabio que ha sabido mirar desde su infinita desolación al hombre más menesteroso y desamparado. Es el hombre en la edad madura, y todo hombre de veras en su edad madura, es también un padre.

Un político

Lo que fracasó, en realidad, en la forzada muerte de Séneca no fue el sabio que en ella muestra su virtud al hallarse prevenido y con las armas necesarias para su sereno cumplimiento. Quien fracasó fue el político, una cierta clase de político nacido del sabio, lo que propiamente hemos llamado un intelectual. Porque intelectual es el sabio, el hombre consagrado a la razón en cuanto que quiere disponer las cosas del mundo en una posible reforma. Un intelectual es siempre un reformista, pues su razón de ser no es otra que la necesidad de una reforma, en la cual a veces resulta comprometido el mismo principio que trata de defender.

Porque el intelectual se dirige al mundo para moldearlo partiendo de un principio, se llame razón o libertad, para negociar en su nombre con el poder contrario. Y cuanto más contrario sea el poder, mayor será la tentación que algunos sienten de intentarlo, sin que sirva para nada la experiencia de los intentos de otros días acabados en el más amargo fracaso, como éste de Séneca.

Pues al poder sólo pueden entregarse los que sientan fe en el poder mismo, los que se sientan investidos de él desde su origen, o aquellos, más felices, a quienes sin tener poder, ni apetecerlo, les haya tocado la suerte de vivir en un momento en que el poder está abierto a los principios, razón o libertad. Al poder no se puede ir a pactar con él, sino cuando se está dentro de su recinto. Pues el pacto siempre será el vergonzante compromiso del débil, que arriesga lo único que posee, con el fuerte, que nada puede perder al incumplirlo, pues a nada en verdad se había comprometido, y ni siquiera puede quedar deshonrado ante unos principios que desconoce, ante un tribunal cuya vigencia ignora y cuya fuerza carece de coacción.

Séneca se salva por lo que tiene de sabio antiguo, como hemos visto; también se salvará por su arte y destreza, por su estilo. Más todavía por su paternidad; por esto que sustituye al «sabio» antiguo en el mundo cristiano. Muerta Grecia y apagado su resplandor, la Iglesia instituye sus «Padres», que sustituyen al sabio griego. Padres que son ya otra cosa, que miran menos la verdad teórica. Pero lo que pierde la ciencia lo gana la caridad.

Séneca, mediador en todo, figura de tiempo limítrofe, andaluz, fronterizo y adaptable, y como con un cierto pudor de ser una cosa solamente; ¿habrá habido andaluz alguna vez que haya aceptado la escueta responsabilidad de agostarse en una sola cosa, arte, profesión o vocación? Séneca, andaluz, siempre múltiple aun cuando alcance su unidad, será también uno de estos padres. Y la verdad es que a la Iglesia, a la Iglesia española al menos, le ha faltado muy poco para incluir en su Patrología al Padre Séneca, haciendo en esto compañía a Platón y Aristóteles, aunque de diferente manera. Séneca es el más citado por los moralistas, por los sermoneadores, quien con más frecuencia aparece en el hermoso lenguaje de las pláticas de andaluces como el Padre Granada, y el Maestro Juan de Ávila. Es casi el lugar común, el tópico donde los predicadores quieren hacer una de las cosas que hizo Séneca: consolar, pacificar, aplacar el rencor de la vida. Pues hoy que tanto se habla de resentimiento, se olvida que el rencor es una de las fuerzas primarias de la vida, que siempre se ha sabido, y que siempre ha habido genios del aplacamiento, de la pacificación y del consuelo. Genios tutelares, que unas veces se han llamado sabios, otras Padres, otras poetas, y muchas cómicos o payasos; todos ellos en sublime misión caritativa de disipar el rencor, el que todo hombre tiene, aunque no lo sepa, nada más que por haber nacido hombre.

Un padre

Sí, un Padre más en la religión popular. Pues si Platón y Aristóteles fueron también «incorporados» a la Iglesia, fue a la parte de la Iglesia que investiga; Aristóteles a la teología; Platón a «la vida contemplativa», a la mística y a la moral oficial de la Iglesia. Y lo curioso es que siendo tan ortodoxo en moral, haya resultado tan sospechosa su influencia en la mística. Mas no es éste el lugar de tan interesante tema.

Séneca fue incorporado al repertorio de los sermones populares, como si las *Cartas a Lucilio* o las *Consolaciones* a Helvia, a Marcia, se predicasen desde el púlpito, es decir, se hiciesen llegar a todos.

Porque aquí está, sin duda, la sustancia más española de Séneca. Aunque tuviéramos hecho el propósito de esquivar al Séneca español, figura de la vida española, es imposible el rehuirlo aquí, pues está en su sustancia íntima, al mismo tiempo la menos suya. La sustancia por la cual se emparenta con otras figuras de la vida española, con el Padre Granada, con el mismo Miguel de Molinos que repitiera la hazaña de su seducción en la misma urbe diecisiete siglos más tarde y que acabara de modo más triste y lento que el suyo, más oscuro y menos teatral pues *el poder* ya estaba avisado seguramente de que a ciertos seductores no se les puede regalar una muerte resplandeciente, porque seguirán seduciendo desde el sepulcro, con mayor fuerza todavía y ya sin límite en el tiempo.

Como Molinos, como el Maestro Juan de Ávila, como el mismo san Ignacio, Séneca sale de la sustancia española que es su vida más consistente, más permanente y viva: la paternidad. Si es dudosa la calidad de los hombres de Estado, por ejemplo de España, si puede ser cuestionable que haya habido o no filósofos en sentido estricto, hay unas cuantas cosas evidentes, realidades espléndidas que nadie puede negar. Y algunas de estas realidades no son precisamente historia, aunque tampoco exactamente naturaleza; tal la paternidad. Ser padre, aun de los hijos de carne y hueso, está por encima de la naturaleza. Todavía más tiene que estarlo esta paternidad trascendente, espiritual, desasida del engendrar carnal; ser padre en la historia.

Ser padre en la historia es ser en la historia algo no histórico, ser en la historia lo permanente. Y ser dentro de la historia, ser dentro de la ley de la objetividad vigente en el mundo, dentro pues de la cultura, del derecho, de la ciencia, del saber y de la moral, de la religión; un padre tiene que estar dentro de todo eso y serlo para el hijo, representarlo tan verídicamente que se confunda con ello mismo, que sea su encarnación y como su prueba real, viva. Pero es también algo que hace relación a la intimidad del hijo, a lo que todo hombre en formación tiene de herético, de heterodoxo y aun de enemigo de la objetividad vigente. Un padre tiene que tocar íntimamente a esa rebeldía del que no está todavía formado ni moldeado, porque tiene que existir un punto al menos en el cual el hombre en formación sienta dentro de sí mismo, interno a él, la figura, la vida del padre.

Después de todo, esta paternidad espiritual es la figura de la vigencia, de la fe vigente o de la objetividad vigente. Y no puede haber ninguna objetividad vigente si en algún punto no es entrañable; si no se confunde en alguna dimensión con la más interna subjetividad, si no la toca y se enraíza en ella. Puede un orden espiritual, y aún económico, o social, estar perfectamente justificado en teoría, mas si no llega hasta este oscuro foso de intimidad humana flotará en el espacio de la pura teoría, que ni siquiera es teoría, puesto que no contempla nada; más bien en el terreno de las vanas construcciones.

Por eso en el comienzo del cristianismo hubo Padres en tanta profusión, porque se trataba ante todo de que una verdad arraigada se introdujera en la conciencia de las gentes, y más profundamente, en su alma. Se trataba, en suma, de engendrar almas, como san Pablo dice a los Gálatas: «Estaré de parto por vosotros hasta que Cristo haya sido formado en vosotros». Paternidad en la que va envuelta la maternidad, por el saber que en ella hay de la intimidad más hermética, por la persuasión con que se desliza en las entrañas humanas. La razón en estos padres se hace maternal, por su misma renuncia a la prosecución dialéctica, por su limitación a perseguir la idealidad. Regresa de la idealidad para apegarse a algo concreto, que no pretende además definir. De ser lógicamente ideal, se transforma en divinamente materialista, si por materialismo entendemos el apego maternal a lo concreto, al hombre real, la renuncia a la abstracción por no despegarse de las entrañas humanas.

Y brota, así, una sabiduría prolija y sutil, que no puede quedar aprisionada en definiciones, ni en ninguna armazón lógica. Un saber acerca del alma y sus vericuetos, flexible y astuta, que a veces trae la verdad más desnuda y a veces encubre con la mentira la verdad más inmediata.

En la sabiduría popular, lo que el pueblo entiende por sabio es un padre muy viril y muy maternal, que mantiene con su fortaleza este discurrir suave y plegado a la complejidad de toda vida, por sencilla que sea.

Y cuando estos *padres* no existen, el hombre se siente desamparado bajo una cultura hermética que se alza soberbiamente sobre su frente dejándola oscura y aterido su corazón. Es la época terrible de la cultura mandarinesca y sin entrañas. Es, sin duda, el mal de nuestros días, el más terrible pecado del «intelectual» moderno, que no ha sabido ser padre de los hombres de su tiempo, que no ha sabido, ni querido, engendrarlo, tal vez porque no se ha engendrado tampoco a sí mismo.

Y resalta de una manera más terminante esta falta del intelectual moderno por no servirle de disculpa la turbulencia del poder político, la dureza de los tiempos y el creciente desprecio hacia la condición de intelectual. Pues Séneca vivió en tiempos de tanta ignominia como se quiera pensar, y precisamente de ahí mismo sacó fuerzas para ejercer su paternidad, para llevar un consuelo que no era simple anestésico, sino que engendraba en las humanas criaturas una actitud, una cierta alma templada y acordada, una armonía. Ante la desolación de los tiempos dedicó la sutileza enrevesada de su mente, y hasta sus mañas de buen abogado, a fabricar en el hombre el único remedio que él vislumbrara: la resignación. Y lo que frente al senequismo resulta problemático es esto precisamente, que la resignación sea el camino para salir de una crisis, para proseguir el camino histórico del hombre y el de cada uno individual. Pero lo que siempre quedará ahí como ejemplo, aunque invisible para muchos, es su paternidad, su maternal paternidad.

Mas este engendrar en la resignación, ¿qué última fundamentación tiene? Además, ¿desde qué espacio miraba Séneca al hombre de su tiempo para que le inspirase esta honda compasión? Porque no sólo las veleidades de la fortuna, ni la tiranía del poder político, sino algo, algo propio de la vida humana que no encontraba adecuación, explicación ni consuelo. Porque Séneca viene así a ocupar el puesto de algo que no había; si la Iglesia casi le ha admitido entre sus Padres es porque, a pesar de su contraria doctrina, a pesar de su contraria virtud, en cuanto esa actitud le llevó al estoicismo, hizo algo que los Padres de la Iglesia hicieron luego con un dogma detrás. En esto sí fue Séneca filósofo, puesto que no se apoya en nada, en ningún dogma religioso, ni tan siquiera en un sistema filosófico. Fue su descubrimiento, fue lo que su mirada descubrió como sustancia misma de la vida humana: el tiempo.

Y no era demasiado aventurar que este descubrimiento del tiempo como sustancia misma de la vida, como aquello primero que decide todo lo demás, es lo que presta mayormente unidad a la figura y al pensamiento de Séneca, es lo que ha engendrado a los senequistas y al senequismo, porque es lo que engendró al mismo Séneca. El tiempo, y además otra cosa muy española, tremendamente española tanto como la paternidad: la aceptación previa del fracaso, el pelear con la certidumbre de la derrota, o dicho ya en términos cristianos: la caridad sin fe. Dicho en términos de poder, es la zona en que la historia es poder y victoria; ser siempre vencido y encontrar en la derrota el único motivo de la afirmación.

Quizá la paternidad comporte siempre esta mirada que descubre el tiempo. Heráclito, cuya filosofía suena todavía a paternal reprimenda, dice del hombre que sigue siendo un niño, tan niño a la mirada de la divinidad como el niño lo es a la mirada del hombre maduro. Séneca dice: «no somos niños dos veces; lo somos siempre, pero nuestros juegos son más peligrosos».

El ver al hombre sumido en el tiempo, en el reinado de ese «niño que juega a los dados» según Heráclito, el verlo entregados a su delirio y a su sinrazón, es lo propio de un alma que ha sobrepasado la madurez, que ha llegado a una madurez sobrehumana, la madurez del sabio que es sin embargo padre porque compadece al hombre en su puerilidad endeble.

Tan arraigada está en la vida española esta paternidad senequista que aún perdura actualmente en una de las figuras más extraordinarias de nuestra última y mejor novela, de uno de los últimos Padres españoles, el «San Manuel Bueno» de don Miguel de Unamuno. De don Miguel de Unamuno, cuyo secreto último, el secreto de su fuerza y de su atracción, es éste, el de haber sido Padre a la manera de Séneca y san Ignacio, del Padre Granada y demás predicadores de nuestro Siglo de Oro, que no por serlo dejaba de ser tiempo difícil. Uno de los últimos padres de la vida española; en medio de sus arbitrariedades y asperezas, el español del pueblo acudía a él presintiéndole un amor, un amparo. Y es que Unamuno quiso engendrar; por ello desgarró su vida y alcanzó su muerte, mas no en la resignación senequista, sino en la no resignación del ultra cristiano. Por eso su vida fue trágica, y su muerte careció de elegancia y serenidad, porque fue una tragedia sin paliativos.

«San Manuel Bueno», el cura sin fe, dedicado en su compasión por el niño-hombre, por la criatura humana, repite una vez más la estampa de Séneca, cura párroco del pueblo, también padre de almas sin fe, compadecido de ellas, curandero ante la desolación.

Descubrimiento del tiempo

Quizá no exista ninguna experiencia que preste mayor madurez al hombre que su descubrimiento del tiempo. Esta verdad fundamental no nos es evidente, no está situada en primer plano, y si en algún instante sentimos su leve paso, bien pronto lo olvidamos sumergiéndonos en él. Pues el tiempo, como quizá toda otra realidad, para ser enteramente y claramente percibida, exige alguna otra distinta desde la cual pueda ser abarcada. Que nuestra vida es tiempo, es cosa que se advierte en ciertos momentos de madurez, cuando por una parte nos va quedando ya poco, y por otra, hemos tocado con alguna extremidad de nuestra alma algo intemporal. Heráclito, quien acentúa como nadie el pensamiento griego, la melancolía del perpetuo pasar de las cosas, su fugitiva condición, acentúa también su unidad, la unidad más allá de ellas, aunque esta unidad no sea ideal, sino que se dé en alguna materia: fuego. Y sería curioso advertir cómo todo aquel que nos ha hablado del tiempo lo ha hecho acentuando algo no temporal. Pues que lo que mira correr el tiempo, ya no es tiempo propiamente.

Porque si toda vida es tiempo, la evidencia de esta realidad se nos hace presente en determinados trances, en un cierto momento, cuando algo ha dejado de ser, cuando algo nos ha abandonado. Entonces, en el hecho de su presencia, aparece el negro telón del tiempo.

Indudablemente, el descubrimiento del tiempo no puede verificarse más que en un momento negativo dentro de la propia vida, en que hemos perdido alguna cosa que la estaba llenando. El tiempo es la sustancia de nuestra vida y por lo mismo está bajo ella, como fondo permanente de todo lo que vivimos; descubrir ese fondo tiene algo de caída que sólo tiene lugar en un especial estado de angustia, desengaño o vacío. Descubrir el tiempo es descubrir el engaño de la vida, su trampa última; es sentirse forzosamente, en un instante al menos, como muchacho engañado a quien se le cae el engaño. Es, así, un entrar en razón. Por algo Heráclito, que tan exacto sentido tiene del tiempo, nos habla en ese paternal tono de reprimenda. Al ponernos ante la evidencia del correr incesante de las cosas, nos está haciendo «entrar en razón».

Pero el que esta experiencia tenga un sentido histórico, una trascendencia, es también una experiencia histórica. Es decir, es principalmente eso, pues que el descubrimiento del tiempo no siempre aprovecha. Hay épocas en que los hombres pueden permitirse el lujo de vivir ignorándolo; son los momentos en que históricamente somos niños o jóvenes y hasta hombres maduros embargados por las ilusiones, por el juego y hasta por el trabajo. Son las épocas llenas, en que el hombre no desengañado, sino sostenido por el mundo, se puede permitir el lujo del engaño.

Séneca vivió un momento propicio para descubrir el tiempo. El mundo, es cierto, estaba lleno, lleno como nunca de esplendor y poderío, de ocio y de negocio. Pero, como todo ello no estaba sostenido por una convicción firme, al fin un día u otro tenía que caerse. Era el momento en que el mundo antiguo llegaba a su término, a los confines de su horizonte, lo cual se muestra en muchos síntomas; entre otros, en el retroceso que significa el mismo estoicismo y la creciente desesperación de la gente mejor, que la llevaba a veces al mismo suicidio. Y el tedio, cuya huida era la más constante ocupación de las gentes afortunadas.

Entonces, cuando las ocupaciones nos muestran su esencial vacuidad y los placeres su dispersión, descubrimos el tiempo. El tiempo se descubre en realidad en momentos de desamparo; cuando el hombre se siente bajo la tutela de una creencia máxima, unitaria, y que recoge y sostiene a todas las demás, que es como la fuente de todas las demás creencias. Mientras estamos bajo ellas, las cosas pueden correr hacia la destrucción y nosotros mismos con ellas, pero la creencia radical y última nos traerá algo así como una seguridad intemporal que nos curará por anticipado de la melancolía del tiempo.

Pero todavía más, cuando tenemos esta creencia última y unitaria, la propia seguridad que nos inspira nos lanza hacia la acción, sea esta acción la que sea, la contemplación misma, pues no tiene por qué ser acción atropellada ni inquieto ir y venir, sino al revés, verdadero actuar que modifica las cosas. Y esto, la acción verdadera, es lo único que mata el tiempo; un acto de fe o un acto de voluntad, de amor o de contemplación, pero un *acto,* pues todo acto es en realidad un *éxtasis.* Nada más extático que la acción verdadera, pues ella detiene el tiempo. Y de ahí que los místicos hijos de Plotino afirmen que la mayor acción es la contemplación.

Y así Séneca lo primero que recomienda es la administración del tiempo. Y su moral, esa moral, como todo lo suyo, a la defensiva, a la defensiva del tiempo y del poder, no es la de la quietud, como podría parecer a primera vista que sea en un estoico. Es la moral de la actividad; y su primera regla es el trabajo; el sabio no puede permanecer jamás inactivo, pues siempre puede hacer algo. Séneca lo justifica por el bien de sus conciudadanos unas veces, por el entretenimiento del tiempo en realidad, siempre por la necesidad de «matar el tiempo».

Las *Cartas a Lucilio* comienzan con una meditación sobre el empleo que hemos de dar al tiempo. «Haz de suerte, mi querido Lucilio, que el tiempo que se tiene la costumbre de sustraernos o el que tú mismo dejas escapar, administres y cuides». «Pues la peor de todas estas pérdidas es la que llega por nuestra negligencia. Si te dispones a considerarlo, encontrarás que la mayor parte de la vida se va en hacer mal, gran parte en no hacer nada y toda ella en hacer otra cosa distinta de la que se debería». Es el primer consejo, la primera reflexión de esta «Guía», de este tratado, el más sistemático de cuantos Séneca escribiera, y uno de los más sistemáticos de la tradición española en la que está, como si en lenguaje castellano hubiera sido escrita. Es la tradición sabiamente popular de las «Guías»; la de Molinos, la del Padre Granada, los *Ejercicios* de san Ignacio, de Quevedo el tratadito desdeñado *De la cuna a la sepultura*, y aún en la

Vida de Don Quijote y Sancho de Unamuno. Séneca, llegando al límite de lo soportable de abstracción sistemática para una mente española, comienza haciéndose caer en esta realidad del tiempo. No es una verdad la que nos presenta, sino una conversación; pide que nos convirtamos a esta realidad fundamental y última, las realidades últimas de quien ha perdido todas sus creencias.

Ahora, en nuestros días, se ha vuelto a descubrir el tiempo dentro del pensamiento filosófico, en el historicismo del XIX primero, en Ortega y Gasset después, ya en las primeras páginas de su obra; después, en Heidegger. Porque vivimos un momento de radical soledad también sin padre, sin una última creencia. No pudo, en cambio, descubrirlo Descartes en su soledad porque en realidad no era soledad última que, de haberlo sido, no hubiese descubierto la conciencia, sino el tiempo que la envuelve.

La muerte

Este sentido del tiempo conduce fatalmente hacia otra realidad aún más última, la de la muerte, que está en el tiempo mismo, es decir, en la vida. «¿Dónde se ve una persona que sepa el precio del tiempo, el valor de un día y que considere que cada día muere? Esto es lo que nos produce el engaño, que miramos a la muerte de lejos, aunque en gran parte ya haya pasado, porque el tiempo pasado pertenece a la muerte».

Es su *Ars Moriendi* el que Séneca en verdad nos propone, ya que de esta verdad terrible va a depender todo lo demás. Y no es una doctrina lo que nos trae, sino un arte, el arte de matar el tiempo y de aceptar la muerte, de matarla en cierto modo a fuerza de estar dispuestos a dejarnos devorar por ella.

Mas es típico de Séneca el entregarse de cierta manera, el entregarse con reservas; es maestro en retiradas y entregas. Cuando habla de cómo el sabio debe abandonar, cuando sea menester, la política y hasta los negocios, la vida pública, dice algo en que se delata: «Porque yo no niego que tal vez se ha de hacer la retirada, pero ha de ser a paso lento, sin que el enemigo lo entienda, conservando las banderas y la reputación militar». Pasarse al enemigo lentamente y conservando lo más que se pueda. Y así hará siempre Séneca, entregarse cautelosamente, hábito de estratega que lo es hasta frente a la muerte. Es también el negociador, el diplomático que negocia hasta el final, sacando las mayores ventajas. Y lo que él defiende es justamente el tiempo, la vida; por eso no se cansa de recomendar dos cosas, una actividad incesante: «para no estar muertos antes de morir», una administración del tiempo, vigilante siempre frente a la muerte, que no aguarda al final, sino que está siempre presente llevándose las horas y sus goces; y la entrega perfecta, la resignación a todo lo que pueda llegarnos. Como se dirá después en el pueblo en que naciera, «hay que ponerse siempre en lo peor». Pesimismo estratégico, ya que poniéndonos en lo peor, cuando llegue ya no será lo peor, pues nos cogerá prevenidos.

Y esto peor no es sino la entrega total de nuestros bienes; todo en el hombre es bien fugitivo porque es un préstamo; nuestro ser no es sino préstamo, el hombre es cita de elementos que hay que restituir algún día como buen pagador, agradeciendo el tiempo que ha sido nuestro.

Mas esta inanidad del individuo no es senequista. Es senequista su cauta manera de manejarla, el no dejarse sorprender, habiendo de antemano renunciado a la esperanza. Y es senequista la suave burla con que el sabio contempla su nada, de la que procura sacar un algo. Una cierta cazurrería de campesino, ateísmo de labrador que sólo cree en la marcha de los astros y en el nacer y renacer de los campos de trigo. Y ese naturalismo mediterráneo del trigo, del aceite y del vino, aunque el vino es el que trae un poco de inmortalidad, de espíritu. En esta fe naturalista, en esta maternal, antiquísima, cultura mediterránea, hija de Deméter, el vino es el elemento varonil, que trae un poco de espíritu y de anhelo de inmortalidad, el que regala la embriaguez dulce de la inmortalidad, el delirio sagrado por donde se desliza la esperanza.

Séneca lo sabe y disculpa, y casi aconseja la bebida, la embriaguez con medida. «Algunas copas bebidas más allá de lo necesario..., se puede llegar hasta la embriaguez porque desecha los cuidados, renueva el alma hasta su profundidad y cura, entre otras enfermedades, la tristeza... De ningún modo se debe usar demasiado a menudo por temor de contraer un hábito malo, pero se puede de vez en cuando llevar el alma al placer y a la libertad».

Se puede, de vez en cuando, llevar el alma al placer y a la libertad. A la libertad, al olvido y a la evasión. Porque, si con el poeta griego decimos «es dulce perder la razón algunas veces», Platón ha dicho «en vano llama un hombre a las puertas de las Musas», y Aristóteles: «No ha habido nunca un genio sin mezcla de demencia». Solamente el alma conmovida puede hablar en un lenguaje por encima de lo vulgar; cuando, despreciando los pensamientos vulgares y usados, fía en la inspiración sagrada.

Esta libertad, esta inspiración sagrada a que tenemos que entregarnos, también con medida, ¿no será un tímido anhelo de inmortalidad, una entreabierta esperanza a escapar del tiempo y la muerte?

Mas por no caer en engaño, no lo dice. Es la raíz, quizá, del escepticismo y hasta de cierto ateísmo esperanzado. Es también el horror al dogma, a lo absoluto, la sabiduría de la relatividad propia de la vieja cultura mediterránea, pues ningún pueblo viejo puede aferrarse a lo absoluto, que es siempre un poco cosa de bárbaros.

Dulcificación de la razón

Y este horror al dogma y a lo absoluto le hace relativizar aquello en que más cree, la noción central de Séneca y de todo estoico, la razón. Razón cósmica de la que la razón humana es únicamente reflejo. No es el *logos* principio del mundo, sino la medida, ley de la naturaleza invariable e inflexible. Ley sin resquicio para la libertad ni para la piedad. Y sin embargo, Séneca es lo que hace: relativizar esta ley, hacerla flexible hasta donde él puede. Pero es que a lo que regresa Séneca es a la antigua fe de Heráclito, de la razón como medida entre contrarios, la armonía de los contrarios. Y al ser la razón medida y armonía, la ley queda casi imposible de fijarse. De ahí que la verdadera medida no pueda encontrarse en un dogma, sino en un hombre concreto que percibe con su armonía interior la armonía del mundo. Es una cuestión de oído, una virtud musical la del sabio; es una actividad incesante que percibe, y es un continuo acorde. Es, en suma, un arte. La moral se ha resuelto en estética y como toda estética tiene algo de incomunicable.

La resignación

Séneca relativiza, es lo más exacto que puede decirse de él. Dulcifica la razón, ablanda la justicia y transforma la moral en un estilo de vida. La virtud suprema es la elegancia, puede decirse; guardar la línea, lo que un español madrileño de hoy llama «guardar el tipo».

Y este transformar la ética en estética, y hacer de la elegancia una virtud hasta la muerte, parece ser el secreto último de Séneca, hombre culto de un tiempo de barbarie, de subversión de masas, la más temible, porque estaba asentada en el poder. Sabio a la defensiva que se bate en retirada, y que se fija en esta última posición que por nada abandona ya, su último baluarte. Es lo que embellece la resignación que nos propone, el remedio que tan cautelosamente desliza en nuestro ánimo, hechizándolo. Procede como un seductor que sabe contar, más que con la fuerza de la razón, con su armonía; que cree más en la música de las palabras que en su sentido escueto. Para Séneca es esencial el estilo; es su arma, su mejor arma. La marcha de la razón que parece invulnerable tiene sus fallos; es una razón flexible, claudicante, donde de manera casi imperceptible se deslizan los sofismas; pero se deslizan con tanto encanto que es casi imposible el descubrirlos. Séneca está siempre polemizando, cuenta siempre, aun dirigiéndose a un amigo, con un adversario al que hay que ganar. Es la razón en su forma más social y aun más sociable, la diplomacia; siempre pactando, siempre evitando la total ruptura aun en las vísperas de la guerra, para conservar el estilo, para conservar la razón.

Conservar la razón en parte, pues nada hay bajo ella. Séneca es el sabio que tiene de tal la forma, y esta fidelidad le obliga a todo, a morir en las candilejas del mundo a toda luz. Pues la fe de Heráclito no se da en Séneca y en el senequismo con la pureza que en otros estoicos, tal Epicteto. Por eso, la forma última que la razón toma en él es la resignación y la forma última de lo moral tiene que ser, necesariamente, estética, la línea, la forma pura.

La fe estoica era la antigua fe griega en la razón natural, en el «fuego que se alumbra con medida y se extingue con medida». Vivir y morir con medida es la suprema, única ley; ley musical más que racional. Pero Séneca vivió a una altura de los tiempos en que tal fe resultaba insuficiente, y había mostrado en la misma filosofía griega su limitación. Algo en el hombre la sobrepasaba, algo de su «naturaleza» quedaba al margen y como asfixiado en la razón natural. Una nueva fe estaba al nacer, fe que dejaba espacio a la libertad de la persona humana, aún más, que lanzaba al hombre inexorablemente a su libertad. Séneca no pudo, fiel a la antigua razón, al residuo de la vieja fe y bajo el sortilegio del poder, de todo lo que era el mundo, el gran mundo que le cobijara, no pudo en modo alguno abrazar esta nueva fe que nacía tan heterodoxa y revolucionaria. Pero, hombre a la altura de su tiempo, tampoco podía creer en la otra, en la suya, que tuvo que notar insuficiente y pobre. Y así, vino a quedar desasido, sin ninguna.

No le quedaba sino la resignación. Resignación ante el poder humano, ante todo poder. Nada más antisenequista que la queja de Job, el pedir cuentas a la divinidad. Séneca no tenía en parte alguna a nadie a quien pedir cuentas. La razón impersonal no deja lugar a pregunta alguna acerca de sus injusticias. Vivía en la desolación total de quien acepta la razón por entero y luego la encuentra desvalida. Desvalida como se encuentra siempre la razón natural cuando la misma naturaleza la desmiente. La razón natural, la razón que no se diferencia de la vida, coincidente con ella y que por lo mismo no sirve para explicarla, ni para trascenderla; todo lo más para soportarla.

Soportar la vida. Conllevarla dignamente. La dignidad es el único resquicio para el estoico, lo más parecido a la libertad personal, pero más conmovedor a nuestros ojos, porque no tiene horizonte alguno; dignidad a la desesperada. Por eso Séneca descendió a lo más impenetrable del ánimo español, por esta resistencia a la desesperada. Desesperación no cerrada a la esperanza, pues Séneca no define; su falta de fe misma le deja en cierto modo abierto a una posibilidad, pues tampoco posee una fe contraria, una fe negativa como Lucrecio.

Porque esta resignación es un ni creer ni no creer. Es ceder, ceder ante la muerte. Ceder a ser devorado por el tiempo o por el fuego. Eludir la existencia, que sale de sí afirmándose, el salir fuera venciendo los acontecimientos en un acto de decisión. Es no querer alterar por nada el orden del mundo, por extraño que nos sea; mirarse sin rencor, haber cesado de verse y sentirse como algo que *es*. Es extirpar, si la ha habido, la tentación del yo, de la libertad. Es una especie de debilidad ante el cosmos; caer vencido por él sin rencor.

Y Séneca llevó a su extremo, en su vacilante vida y en su serena muerte, esta resignación, esta especie de suicidio sutil que no lo parece a fuerza de serlo, pues el suicida se afirma desesperadamente, acusa y señala. La muerte senequista es la muerte del suicida que no quiere ni siquiera parecerlo, para borrar todo rastro de violencia y de protesta. No muere, sino que se reintegra, se esfuma a sí mismo para no alterar el orden de las cosas, el rostro inmutable de la naturaleza. Muere calladamente. Callada y teatralmente, por difícil que parezca. A fuer de español, no pudo renunciar al teatro. Y de ahí su enigmática figura: ser protagonista en la escena del Gran Teatro del Mundo, del silencio, de la muerte callada, del «extinguirse con medida».

No pudo ser un mártir; fue siempre un intelectual y nada más. Un intelectual para quien la gloria es imposible. Fiel a una razón sin trascendencia, a una razón natural. La razón de Platón y Plotino, la idea, no era ya de este mundo, como no lo es la pura verdad. Séneca era oficiante de la razón mediadora, relativista. Y de ahí que su pensamiento esté vivo, y, más que su pensamiento, su imagen, su figura en todos los tiempos en que la razón, sin fe, quiere mediar entre un irracional mundo y su puro reino abandonado. Séneca aparecerá vivo siempre que, ante la inexorabilidad de la muerte y del poder humano, se encuentre, entre una fe que se extingue y otra que llega, una Razón desvalida.

Páginas escogidas de Séneca

Capítulo XXIX

Más larga y más fiel es la memoria de los deleites que su presencia. Pon entre los sumos bienes el haber tenido un hermano tan bueno; y no atiendas a que pudieras tenerlo mucho más tiempo, sino al que le tuviste. La naturaleza de las cosas hace contigo lo que con los demás hermanos, y no te lo dio en propiedad, sino prestado, y después te lo volvió a pedir cuando quiso; y en esto no atendió a tu hartura, sino a su ley. ¿No será tenido por injusto el que sufriere molestamente el pagar la moneda que se le prestó, y en particular la que recibió sin interés alguno? Dio la naturaleza vida a tu hermano, te la dio también a ti; y ella, usando después de su derecho, cobró primero la deuda de quien quiso. No se le puede imponer culpa alguna, siendo tan conocida su condición: impútese a la codiciosa esperanza del ánimo mortal, que de tal manera se olvida de lo que es la naturaleza, que nunca se acuerda de su ser sino cuando la amonestan. Alégrate, pues, de haber tenido un tan buen hermano, y da gracias del usufructo que de él gozaste, aunque fue más breve de lo que deseabas. Piensa que lo que tuviste fue para ti muy deleitable, y que lo que perdiste era humano. Porque no hay cosa menos congruente entre sí que mostrar dolor de que un tal hermano te haya vivido poco, y no tener gozo de que tuviste tal hermano. Me dirás: «Así es, pero me lo quitaron cuando no lo pensaba». A cada uno engaña su credulidad, y el olvido de la muerte en las cosas que ama. La naturaleza a ninguno prometió que haría gracia en la necesidad del morir. «Cada día pasan por delante de nuestros ojos los entierros de personas conocidas y no conocidas, y nosotros, divertidos en otras cosas, llamamos repentino lo que toda la vida se nos está intimando». Según esto, no es culpable el rigor de los hados, sino la malicia del humano entendimiento que, insaciable de todas las cosas, siente salir de la posesión a que fue admitida por voluntad.

Consolación a Helvia

I. Sabía que no se deben combatir de frente los dolores en la violencia de su primer arrebato, porque el consuelo sólo hubiese conseguido irritarlo y aumentarlo; así como en todas las enfermedades nada hay tan pernicioso como un remedio prematuro. Esperaba, pues, que tu dolor agotase sus fuerzas por sí mismo, y que, preparado por la dilación para soportar el medicamento, permitiese tocar y curar la herida. Además, al leer de nuevo las lecciones que nos dejaron los grandes genios acerca de los medios para contener y corregir la tristeza, no encontraba el ejemplo de alguno que hubiese consolado a los suyos, siendo él mismo causa de lágrimas para ellos.

III. Rechaza de ti los sollozos, lamentos y agitadas manifestaciones que de ordinario lleva consigo el dolor de la mujer; porque habrás perdido todo el provecho de tantos males si no has aprendido aún a ser desgraciada.

V. Nunca confié en la fortuna, hasta cuando parecía que ajustaba paces conmigo. Todos los favores con que me colmaba, riquezas, honores, gloria, los he colocado en un paraje donde pudiese ella recobrarlos sin conmoverme. Intervalo muy grande he establecido entre esas cosas y yo, por cuya razón me las ha arrebatado sin arrancármelas. Los reveses solamente abaten al ánimo engañado por los triunfos. Los que se adhieren a los dones de la fortuna como a bienes personales y duraderos, y por ellos quisieron se les rindiera homenaje, se abaten y afligen cuando su alma, vana y frívola, que no conoce los placeres sólidos, queda privada de esos goces engañosos y pasajeros. Pero aquel a quien no hincha la prosperidad, no queda consternado por los reveses, oponiendo a la favorable y adversa fortuna ánimo invencible y probada firmeza, porque en la prosperidad ensaya sus fuerzas contra la desgracia.

VI. Removido, pues, el juicio de la multitud, que se deja arrastrar por la primera impresión de las cosas, tales como aparecen, veamos qué es el destierro: en su última expresión, no es más que cambio de lugar. Parecerá que le suprimo sus angustias y que le quito lo que tiene de más doloroso, porque acompañan a este cambio cosas muy desagradables, la pobreza, el oprobio, el desprecio. Después contestaré a estos pretendidos males: entretanto quiero examinar primeramente la amargura que en sí encierra este cambio de lugar. «Intolerable es carecer de la patria».

Tan cierto es que el cambio de lugar nada tiene de penoso, que se abandona la patria para venir a esta isla. He conocido a algunos que dicen existir en el hombre cierta necesidad natural de cambiar de asiento y trasladar sus penates. Y, verdaderamente, al hombre se ha dado alma inquieta y movediza; nunca permanece tranquila; extiende y pasea su pensamiento en todos los parajes conocidos y desconocidos, vagabunda, impaciente de reposo, aficionada a la novedad. No te admirará esto, si consideras su primer origen. No está formada de este cuerpo terrestre y pesado; desciende del espíritu celestial, y naturaleza es de todo lo celestial encontrarse siempre en movimiento y huir arrebatado por rápida carrera. Contempla los astros que iluminan el mundo; no hay uno que se detenga; sin cesar caminan y pasan de un punto a otro; a pesar de que giran con el universo, gravitan sin embargo en sentido inverso; sucesivamente atraviesan todos los signos, y siempre se mueven, siempre viajan. Todos los astros están en revolución continua, en continuo tránsito, y, según ha dispuesto la imperiosa ley de la naturaleza, en perpetua traslación. Cuando hayan recorrido sus órbitas, pasado el número de años que la misma naturaleza ha fijado, comenzarán de nuevo el camino que ya han seguido. Pues bien, considerando esto, no podrás creer que el alma humana, formada de la misma sustancia que las cosas divinas, soporta a disgusto los viajes y emigraciones, cuando la naturaleza de Dios encuentra en perpetuo y rápido cambio su placer y conservación. Pero dejando las cosas celestes, vuelve a las de la tierra. Verás que los pueblos y naciones han cambiado de patria. ¿Qué significan esas ciudades griegas en medio de países bárbaros? ¿Qué significa esa lengua macedónica hablada entre la India y la Persia? La Escitia y toda esa región de naciones feroces e indómitas nos muestran ciudades de Acaya construidas en los litorales del Ponto. Ni los rigores de perpetuo invierno, ni las costumbres de los habitantes, tan salvajes como su clima, han impedido que trasladen muchos allí su morada. El Asia está llena de atenienses; Mileto ha derramado ciudadanos en setenta y cinco ciudades diferentes. Toda la costa de Italia, bañada por el mar inferior, fue la Grecia mayor. El Asia reivindica a los toscanos; los tirios habitan el África; los cartagineses, la España; los griegos se han introducido en la Galia; los galos, en la Grecia; los Pirineos no cierran ya el paso a los germanos; la movilidad humana paseó por soledades impracticables y desconocidas. Estos pueblos llevaban consigo sus niños, sus mujeres y sus padres abrumados por la edad. Unos, después de perderse en grandes rodeos, no decidieron por elección el paraje de su morada, sino que se detuvieron por cansancio en el más inmediato; otros se apoderaron por las armas de las tierras ajenas; algunos que navegaban hacia playas desconocidas quedaron sepultados en el abismo, y otros, en fin, se fijaron en las riberas donde les depositó la falta de lo necesario. No tenían todos iguales razones para abandonar y buscar una patria. Algunos, después de la ruina de sus ciudades, escapando al hierro de sus enemigos, fueron arrojados a extrañas tierras, quedando despojados de lo suyo; a los otros los expulsaron disensiones intestinas; emigraron éstos para aliviar sus ciudades sobrecargadas de población; a los otros les arrojó la peste, los terremotos frecuentes u otro insoportable azote de una región desgraciada; el renombre de una comarca fértil y muy celebrada sedujo a los unos, y todos, en fin, abandonaron sus moradas por causas diferentes. Evidente es que nada permanece en el punto en que nació: el género humano se mueve continuamente, y todos los días cambia algo en este vasto conjunto. Se echan los cimientos de ciudades nuevas; otras naciones aparecen, cuando mueren o cambian de nombre las antiguas, incorporadas a los pueblos vencedores. Y estas traslaciones de los pueblos ¿qué otra cosa son sino destierros públicos?

VIII. Si se cree que cada remedio de éstos, considerado separadamente, no es bastante eficaz para consolar al desterrado, necesario es confesar que empleados a la vez tienen poderosa fuerza. ¡Qué poco vale lo que perdemos! Dos cosas excelentes nos seguirán a dondequiera que vayamos: la naturaleza que es común a todos, y la virtud que nos es propia. Así lo quiso, créeme, aquel sea quienquiera, que dio la fortuna al universo; sea un Dios, señor de todas las cosas, sea una razón incorpórea, arquitecto de estas obras maravillosas, sea un espíritu divino repartido con igual energía en los cuerpos más grandes y en los más pequeños, sea un destino y encadenamiento inmutable de las cosas ligadas entre sí; así, pues, lo repito, lo ha querido, para no dejar caer en arbitrio ajeno otra cosa que lo más despreciable de nuestros bienes. Lo más excelente del hombre está fuera del poder humano; no se le puede dar ni quitar: hablo del mundo, la creación más bella y brillante de la naturaleza; de esta alma hecha para contemplar y admirar el mundo, del que ella a su vez es la parte más magnífica; esta alma que nos pertenece en propiedad y para siempre, que debe durar tanto como duremos nosotros. Marchemos, pues, contentos, erguidos y con paso firme a donde nos lleve el hado.

IX. Recorramos todas las tierras; ni una sola encontraremos en el mundo que sea extraña al hombre. Desde todas ellas se eleva nuestra mirada a igual distancia hacia el cielo; y el mismo intervalo separa las cosas divinas de las humanas. Mientras no se prive a mis ojos de este espectáculo de que no se sacian, con tal que se me permita contemplar la luna y el sol, sumergir mi vista en los demás astros, interrogar su salida y su ocaso, su distancia y las causas de su marcha; unas veces rápida y otras lenta; admirar durante las noches tantas brillantes estrellas, inmóviles unas, desviándose ligeramente otras, pero girando siempre en la órbita que tienen trazada, y en tanto que unas se lanzan de pronto, otras nos deslumbran con un rastro brillante como si fuesen a caer, o vuelan arrastrando en pos inflamada cabellera; con tal que viva en esta compañía, y me mezcle, en cuanto pueda mezclarse el hombre, a las cosas del cielo, con tal que mi alma, aspirando a contemplar los mundos que participan de su naturaleza, se mantenga en las regiones sublimes, ¿qué me importa lo que piso?

Ningún paraje es estrecho cuando puede contener esta multitud de graves virtudes: no es penoso ningún destierro, cuando se puede ir a él con este acompañamiento; Bruto, en el libro que escribió sobre la virtud, dice que vio a Marcelo en el destierro de Mitilena, viviendo con cuanta felicidad es compatible con la naturaleza del hombre, y entregado con más entusiasmo que nunca a los estudios elevados. Así añade que, cuando iba a separarse de él, le parecía partir él mismo para el destierro, antes que dejar un desterrado. ¡Oh Marcelo, más dichoso cuando merecías las alabanzas de Bruto, que cuando tu consulado recibía las de la República! ¡Cuán grande fue aquel hombre a quien no se podía abandonar en el destierro sin creerse desterrado uno mismo; que se hizo admirar por un hombre que fue admirado hasta por el mismo Catón! Bruto refiere también que César no quiso detenerse en Mitilena, porque no podía sostener la presencia de aquel noble infortunio. El Senado impetró el regreso de Marcelo con preces públicas; y, al ver su luto y su tristeza, se hubiese dicho que aquel día todos participaban del sentimiento de Bruto, y suplicaban, no por Marcelo, sino por ellos mismos, desterrados si habían de vivir lejos de él: y sin embargo, el día más hermoso de su vida fue aquel en que Bruto no pudo abandonarle, cuando César no pudo verle en el destierro. Bruto se afligió, César se avergonzó de volver sin Marcelo. ¿Puedes dudar que aquel grande hombre se animó con estas palabras, para soportar tranquilamente el destierro?: «Estar lejos de la patria no es una calamidad; ¿te has imbuido bastante en la filosofía para saber que el sabio en todas partes encuentra su patria? ¿Cómo no? ¿El mismo que te desterró no estuvo por diez años privado de su patria? Verdad es que fue para ensanchar el imperio, pero no por eso dejó de estar privado de la patria. Helo ahora atraído por el África, que nos amenaza con nueva guerra; por España, que reaviva las partes vencidas y dominadas; por el pérfido Egipto, por el mundo entero atento para aprovechar nuestras conmociones. ¿A dónde acudirá primero? ¿A qué partido se opondrá? La victoria le paseará por toda la tierra. Que todas las naciones se postren para adorarle: tú vive contento con la adoración de Bruto». Marcelo soportó, pues, sabiamente su destierro, y el cambio de lugar no alteró nada en su alma, aunque tuviese por compañera la pobreza, en la que nada se encuentra penoso, cuando no se está cegado por esa locura que todo lo trastorna: la avaricia y el lujo.

XIII. La razón no rechaza separadamente cada vicio, sino todos a la vez, venciendo con un esfuerzo solo. ¿Crees que el sabio puede ser sensible a la ignominia, cuando encerrándolo todo en sí mismo se separa de las opiniones vulgares? Más aún que la ignominia es la muerte ignominiosa. Y sin embargo, considera a Sócrates, con aquel sereno rostro que en otro tiempo contuvo la insolencia de más de treinta tiranos; entra en su prisión, a la que también debía purgar de ignominia, porque no podía haber cárcel allí donde se encontraba Sócrates. El que tiene cerrados los ojos para contemplar la verdad, ¿por qué considera ignominioso para Catón haber sido rechazado dos veces, cuando pedía en una la pretura y en otra el consulado? La ignominia fue para el consulado y para la pretura, a los que Catón hubiese honrado. Solamente es despreciado por los demás el que se desprecia a sí mismo. El ánimo vil y rastrero es el único que puede recibir esta afrenta; pero al que se hace superior a los reveses más grandes de la fortuna, al que domina las desgracias que abaten al vulgo, le protegen las mismas miserias como cintas sagradas; y puesto que así somos, nada debemos admirar tanto como a un hombre desgraciado con valor. Llevaban en Atenas a Arístides al suplicio; cuantos le encontraban, bajaban los ojos y gemían como si llevasen a perecer, no a un hombre justo, sino a la misma justicia. Sin embargo, uno hubo que le escupió en el rostro; Arístides podía indignarse porque sabía que ninguna boca pura se hubiese atrevido a aquello; pero se enjugó el semblante, y dijo sonriendo al magistrado que le acompañaba: «Advierte a ése que en adelante no escupa con tanta descompostura». Esto era afrentar a la misma afrenta. Bien sé que algunos consideran como lo peor de todo el desprecio; pareciéndoles preferible la muerte. A éstos diré que el mismo destierro está con frecuencia exento de todo desprecio. Si el hombre grande cae, grande es también caído, y no debes considerarle más despreciado que esas ruinas de sagrados templos, que se pisan, pero que las personas religiosas veneran como si todavía permaneciesen en pie.

Consolación a Marcia

X. Así pues, no nos envanezcamos como si nos encontrásemos entre cosas nuestras; solamente las tenemos prestadas. No tenemos más que el usufructo; la fortuna limita a su voluntad la duración de sus beneficios; dispuestos debemos estar siempre a devolver lo que se nos dio por tiempo incierto, y a restituir sin murmurar a la primera petición. Pésimo deudor es el que insulta a su acreedor. Así pues, a todos los nuestros, y aquellos a quienes, por el orden natural, deseamos supervivencia, como también a los demás, cuyo legítimo deseo es precedernos en la tumba, debemos amarlos en el concepto de que nada nos promete su eternidad, ni siquiera la duración de sus vidas. Advierte a tu corazón que los ame en la inteligencia de que ha de perderlos, más aún, de que los pierde; que posea los dones de la fortuna como bienes sobre los que se ha reservado todos los derechos el señor. Apresúrate a gozar de tus hijos, y recíprocamente haz que ellos gocen de ti; apura sin dilación toda tu felicidad; nada te asegura el día presente; pongo término muy largo; nada te asegura de esta hora. Necesario es apresurarse; la muerte viene detrás; pronto desaparecerá todo este entusiasmo; muy pronto, al primer grito de alarma plegarán tu tienda: Todo lo que hay aquí es presa. ¡Desgraciados! ¿Ignoráis que vivís huyendo?

Cuando te quejas de la muerte de tu hijo, acusas al día de su nacimiento, porque al nacer se le notificó la muerte. Con esta condición se te dio y el destino le persigue desde que quedó concebido en tu seno.

¿Por qué llorar esta parte de la vida? Llorarse debe la vida entera. Nuevas desgracias caerán sobre ti antes de que hayas satisfecho a las antiguas. Moderad, pues, vuestra aflicción, mujeres agobiadas por tantos males: el pecho humano ha de repartirse entre muchos temores y muchos sufrimientos.

XI. Y en último caso, ¿por qué olvidas tanto tu condición como la general? Nacida mortal, has concebido mortales: ser corruptible y perecedero, sujeto a tantos accidentes y enfermedades, ¿esperabas que tu frágil materia engendrase la fuerza y la inmortalidad? Tu hijo ha muerto, es decir, ha llegado al término a que caminan todas las cosas, en tu opinión más dichosas que el fruto de tus entrañas. Allí se encamina con paso igual toda esa multitud que ves pleitear en el foro, sentarse en los teatros y orar en los templos y los que adoras y los que desprecias no serán más que una misma ceniza. Esto manda aquella voz que se atribuye al oráculo pitiano: «Conócete». ¿Qué es el hombre? Vaso quebrantado, cosa frágil. No se necesita terrible tempestad, una ola basta para destruirlo; al primer choque quedará deshecho. ¿Qué es el hombre? Un cuerpo endeble, débil, desnudo, sin defensa natural, que mendiga el auxilio ajeno, blanco de todos los ultrajes de la naturaleza; que, a pesar de los esfuerzos de sus brazos, es pasto de la primera fiera, es víctima de cualquier enemigo; formado de materia blanda y fluida, que solamente tiene brillantez en el exterior; indefenso contra el frío, el calor, la fatiga y en quien la inercia engendra la corrupción; temiendo a sus alimentos, cuya falta o exceso le matan; de ansiosa y aflictiva conservación, aliento precario, que no puede resistir, que se ahoga por repentino pavor o por inesperado ruido que hiere sus oídos; en fin, que para alimentarse, se destruye, se devora a sí mismo. ¿Podrá extrañarnos la muerte de un hombre cuando todos necesariamente han de morir?

¿Acaso se necesita mucho para destruirlo? Un olor, un sabor, el cansancio, la vigilia, los humores, la comida, todo lo que necesita para vivir, le es mortal. Cualquier movimiento le revela enseguida su debilidad; no puede soportar todos los climas; un cambio de aguas, un soplo desacostumbrado de aire, la cosa más pequeña basta para que enferme; ser de barro y corrupción, entra llorando en la vida, y sin embargo, ¿cuánto tumulto promueve este despreciable animal? ¿A cuántos ambiciosos pensamientos no le impulsa el olvido de su condición? Lo inmortal e infinito ocupan su mente, ordena el porvenir de sus nietos y biznietos, y en medio de sus proyectos para la eternidad, le hiere la muerte, siendo carrera de muy pocos años lo que se llama vejez.

XVII. Di esto también, Marcia: «Me dejaría conmover si la suerte de cada uno estuviese en relación con sus costumbres; si el mal no persiguiese nunca a los buenos; pero veo que buenos y malos son indistintamente víctimas de los reveses. Sin embargo, es muy doloroso perder a un joven que se ha educado y que ya era para su madre y para su padre apoyo y honor». Imposible negar que es desgracia cruel pero humana. Has nacido para perder, para temer y desear la muerte, y lo que es peor, para perecer, para esperar, para inquietar a los otros y para no saber cuál es nunca tu condición.

XIX. La muerte es la libertad, el término de todas nuestras penas; no traspasarán sus umbrales nuestras desgracias; ella es la que nos devuelve a aquella tranquilidad de que gozamos antes de nacer. Si alguien llora a los muertos, que llore también a los que no han nacido. La muerte no es un bien ni un mal: porque para ser bien o mal, es indispensable ser algo; pero lo que nada es, lo que lo reduce todo a la nada, no nos impone ninguna de estas dos condiciones. Lo malo y lo bueno versan sobre algo. La fortuna no puede retener lo que la naturaleza abandona, y no es posible sea desgraciado el que ya no existe. Tu hijo ha traspasado los límites dentro de los cuales es esclavo. En el seno de una paz profunda y eterna, no le atormenta ya el temor de la pobreza, el cuidado de las riquezas, las pasiones que estimulan nuestro ánimo con el acicate de la voluptuosidad: ya no envidia la felicidad ajena, ni es envidiado en la suya; jamás ofenderá la calumnia sus castos oídos; no tendrá que prevenir calamidades públicas ni privadas, ni habrá de atender al porvenir lleno de tristes inquietudes. Se encuentra, en fin, en un asilo del que nada puede privarlo ni inspirarle temor.

XX. La muerte liberta al esclavo a pesar de su amo; rompe la cadena del cautivo; abre la prisión de los desgraciados a quienes insolente despotismo impedía salir de ella; al desterrado que incesantemente vuelve a la patria ojos y pensamiento, demuestra cuán poco importa entre quiénes será sepultado. Si la fortuna ha repartido mal los bienes comunes a todos; si naciendo todos con derechos iguales ha querido que el uno posea al otro, la muerte restablece en todos la igualdad: ésta es la que nunca ha hecho nada por capricho de otro; nunca se avergonzó de su condición, nunca obedeció a nadie: tu padre, oh Marcia, la llamó con sus deseos. A ella se debe, repito, que no sea un suplicio el nacimiento; hace que no sucumba bajo las amenazas de la suerte y conserve íntegro mi ánimo y sea dueño de mí mismo. Sé dónde descansar. Allá veo cruces de muchos géneros que varían según el capricho de los tiranos. Éste pone cabeza abajo a los que quiere colgar, aquél los empalma por los órganos genitales; este otro les extiende los brazos en el patíbulo. Veo los potros, las varas, y para cada miembro, cada músculo, un instrumento de tortura; pero también veo la muerte. Allí están los enemigos sanguinarios, ciudadanos soberbios; pero allí está también la muerte. La servidumbre no es penosa cuando, cansados del amo, con un solo paso se recobra la libertad: contra las injurias de la vida tengo el beneficio de la muerte.

XXII. Nada hay tan engañoso como la vida humana; nada hay tan pérfido; y a fe mía, nadie la aceptaría si no se nos diese sin saberlo nosotros. Si, pues, la felicidad más grande es no nacer, considera como la segunda ser libertado pronto de la vida, para entrar en la plenitud del ser.

XXIII. Además de que todo lo futuro es incierto y solamente es cierto en cuanto a ofrecer males más grandes, el camino hacia las regiones superiores es mucho más fácil para los que abandonan pronto el comercio humano;

porque arrastran consigo menos lodo, menos peso; libres antes de mancharse, antes de mezclarse con demasiada intimidad a las cosas terrestres, suben más ligeros al punto de su origen y se desprenden con mayor facilidad del elemento tosco e impuro. Por esta razón nunca es agradable a las grandes almas prolongada permanencia en el cuerpo; desean salir y buscar la luz; soportan con trabajo esta estrecha prisión, acostumbradas como están a remontar en vuelos sublimes y a contemplar desde lo alto las cosas humanas. He aquí por qué exclama Platón: el alma del sabio se inclina por completo a la muerte, la desea, piensa en ella, y la muerte es la que le alienta en su constante pasión de salir del cuerpo.

DE LA TRANQUILIDAD DEL ÁNIMO

Capítulo I

Haciendo de mí examen, en mí, oh amigo Sereno, se manifestaron unos vicios tan descubiertos que casi se podían cortar con la mano, y otros más escondidos y no continuados, sino que a ciertos intervalos volvían; y a éstos los tengo por molestísimos, porque como enemigos vagos asaltan en las ocasiones, sin dar lugar a estar prevenidos como en tiempo de guerra, ni descuidados como en la paz. Me hallo en estado (justo es confesarte la verdad, como a médico) que ni me veo libre de estas culpas que temía y aborrecía, ni me hallo de todo punto rendido a ellas. Me veo en tal disposición, que si no es la peor, es por lo menos lamentable y fastidiosa. Ni estoy enfermo ni tengo salud, y no quiero que me digas que los principios de todas las virtudes son tiernos, y que con el tiempo cobran fuerza; porque no ignoro que aun las cosas en que se trabaja por estimación, como son las dignidades y la fama de elocuentes, con todo lo demás que pende de parecer ajeno, se fortifica con el tiempo, y que así las cosas que tienen verdaderas fuerza, como las que se dejan sobornar con alguna vanidad, esperan a que poco a poco las dé color la duración. Tras esto recelo que la misma costumbre que suele dar constancia a las cosas, no me introduzca más en lo interior los vicios. La conversación larga, así de bienes como de males, engendra amor. Cuál sea esta enfermedad del ánimo perplejo en lo uno y en el otro, sin ir con fortaleza a lo bueno ni a lo malo, no lo podré mostrar tan bien diciéndolo junto cuanto dividiéndolo en partes. Te diré lo que a mí me sucede; tú puedes dar nombre a la enfermedad. Estoy poseído de un grande amor a la templanza; así lo confieso. Me agrada la cama no adornada con ambición; no me agrada la vestidura sacada del cofre y prensada con mil tormentos que la fuercen a hacer diferentes visos, sino la casera y común, en que ni hubo cuidado de guardarla ni le ha de haber en ponerla. Me agrada el manjar que no costó desvelo a mis criados, ni causó admiración a los convidados; y no me agrada el prevenido de muchos días, ni el que pasó por muchas manos, sino el ordinario y fácil de hallar, sin que en mi mesa se ponga cosa alguna de las que el precio subido atrae, sino las que en cualquier lugar se hallan, sin ser molestas a la hacienda y al cuerpo, y sin que sean tales y tantas que hayan de salir por la parte donde entraron. Me agrada el criado poco culto y el tosco esclavo, y la pesada plata de mi rústico padre, sin que en ella haya considerable hechura y sin que esté grabado el nombre del artífice. Me agrada la mesa no celebrada por la variedad de colores, ni la conocida en la ciudad por diferentes sucesiones de curiosos dueños, sino aquella que baste para el uso, sin que el deleite ocupe ni la envidia encienda los ojos de los convidados. Pero después de estar agradado de estas cosas, me aprieta el ánimo el ver en otros gran cantidad de pajes y esclavos relumbrantes con el oro de las libreas, más bizarras que las de los míos. También me acongoja el entrar en una casa llena de riquezas y adornada con artesonados dorados; y me aprieta el lisonjero pueblo que de continuo corteja a los que disipan sus haciendas.

Capítulo II

Cuando estoy en silencio conmigo solo, me pregunto a qué cosa me parece semejante este efecto de ánimo, y con ningún ejemplo quedo más propiamente advertido que con el de aquellos que, habiendo salido de alguna grave y larga enfermedad, se ven todavía molestados de ligeros accidentes, y aun después de haber de todo punto desechado las reliquias de la indisposición les inquietan sospechas, y estando ya sanos dan el pulso a los médicos, desacreditando cualquier calor que sienten. Los cuerpos de éstos no están enfermos, sino poco acostumbrados a la salud, sucediéndoles lo que al mar y a las lagunas, que aun después de cesar las tormentas y estar tranquilos y sosegados les quedan algunas mareas. Por lo cual es necesario uses, no de aquellos duros preceptos que hemos ya pasado, ni que te resistas en algunas ocasiones, ni que en otras te hagas eficaz instancia; basta lo último, que es el darte crédito a ti mismo, persuadiéndote a que vas camino derecho sin dejarte llevar por las transversales huellas de muchos que a cada paso van haciendo nuevos discursos, y estando en el camino lo yerran. Lo que deseas es una cosa grande, alta y muy cercana a Dios, que es no mudarte. Los griegos llaman a esta firmeza de ánimo *estabilidad,* de la cual Demetrio escribió un famoso libro; y yo la llamo *tranquilidad,* porque ni tengo obligación de imitarlos, ni de traducir las palabras a su estilo. La cosa de que se trata se ha de significar con algún término, que tenga la fuerza de la palabra griega, aunque no tenga la misma cara. Lo que ahora preguntamos es de qué modo estará siempre el ánimo con igualdad, y cómo caminará con próspero curso, siéndose propicio y mirando sus cosas con tal alegría que no se interrumpan, perseverando en un estado plácido, sin desvanecerse ni abatirse. Esto es *tranquilidad*; busquemos, pues, el camino por donde podemos llegar de todo punto a ella.

Diría yo que a éstos de quien se han apoderado los deseos como llagas, teniendo por deleite el trabajo y fatiga, sucede lo que a algunas heridas que apetecen las manos de quien han de recibir daño, y lo que a la sarna del cuerpo, que se deleita con lo que la hace más penosa. Porque muchas cosas con un cierto dolor dan gusto a nuestros cuerpos, como es el mudarlos de una parte a otra, para refrescar el lado aún no cansado, en la forma que Homero nos pintó a Aquiles, ya puesto boca abajo, ya vuelto al cielo, mudándose en varias posturas, por ser muy propio de enfermos no durar mucho en un estado, tomando por remedio las mudanzas. De aquí nace el hacerse vagas peregrinaciones y el navegar remotos mares, haciendo, ya en el agua, ya en la tierra, experiencia de la enemiga liviandad. Unas veces decimos que queremos ir a la provincia de Campania, y cuando nos cansa lo deleitable, pasamos a los bosques Brucios y Lucanos; y tras esto queremos que en la montaña se procure algún sitio de recreación en que los lascivos ojos se eximan de la prolija inmundicia de lugares hórridos; y para esto vamos a Tarento, y a su celebrado puerto y a otros sitios de cielo más templado, para pasar el invierno en las casas que fueron otro tiempo capaces y opulentas a su antigua población. Luego decimos: «Volvamos a la ciudad, porque hace muchos días que nuestras orejas carecen del estruendo y aplausos, y tenemos gusto de ver en los espectáculos derramar sangre humana, pasando de unas fiestas en otras». Y de este modo, como dijo Lucrecio, anda cada uno huyendo de sí: pero ¿de qué le aprovecha si nunca acaba de ejecutar la huida? Va siguiéndose a sí mismo, con que le molesta un pesado compañero.

Capítulo III

Me preguntas de qué remedio te has de valer contra este hastío. Y según la opinión de Atenodoro, el mejor fuera ocuparte en las cosas públicas, en su administración y en los oficios civiles. Porque al modo que algunos hombres pasan los días curtiendo sus cuerpos al sol en ocupaciones y ejercicios; y al modo que a los luchadores les es muy útil el gastar mucho tiempo en fortalecer los brazos para el ministerio a que se dedicaron, así a nosotros, que hemos de disponer los ánimos a la pelea de los negocios civiles, nos es fuera de conveniencia asistir siempre en la obra, porque con el intento de hacerse apto para ayudar a sus ciudadanos y a todos, viene a un mismo tiempo a ejercitarse, y a ser provechoso a otros, a aquel que, puesto en medio de las ocupaciones, administra conforme a su caudal las cosas particulares y las públicas. Pero tras esto dice que, como en esta tan loca ambición de los hombres son tantos los calumniadores que tuercen lo justo a la peor parte, viene a estar poco segura la sencillez, siendo más lo que impide que lo que ayuda. Conviene, pues, apartarnos de los tribunales y de los puestos públicos, que el ánimo grande también tiene en los retiramientos donde poder espaciarse; y como el ímpetu de los leones y de otras bestias fieras no me acobarda estando metidos en sus cuevas, así tampoco dejan de ser grandes las acciones de los hombres grandes, aunque estén apartados del concurso. De tal manera se retiran éstos, que donde quiera que esconden su quietud, lo hacen con intento de aprovechar a todos en común y a cada uno en particular, ya con su ingenio, ya con sus palabras y ya con su consejo. Porque no sólo sirven a la república los que apadrinan a los pretendientes y los que defienden a los reos, y los que tienen voto en las cosas de la paz y de la guerra, sino también aquellos que exhortan a la juventud y a los que, en tiempo que hay tantas faltas de buenos preceptos, instruyen con su virtud los ánimos, y los que detienen y desvían a los que se precipitan a las riquezas y demasías. Y si de todo punto no lo consiguen, por lo menos lo retardan. Los que esto hacen, aun estando retirados, tratan del negocio público. ¿Por ventura hace más el corregidor y juez que, entre los vecinos y forasteros, pronuncia las sentencias comunicadas con su asesor, que el que retirado enseña qué cosa es justicia, piedad, paciencia; fortaleza, desprecio de la muerte, conocimiento de los dioses y finalmente el gran bien que consiste en tener buena conciencia? Luego si gastases el tiempo en los estudios, aunque te apartes de los oficios, no será desampararlos ni faltar a tu obligación, pues no sólo milita el que en la campaña está defendiendo el lado derecho o siniestro, sino también el que guarda las puertas, y el que asiste haciendo de centinela en la plaza de armas, porque aunque este puesto es menos peligroso, no es menos cuidadoso; y así, aunque estos cuidados tienen menos de sangrientos, entran a gozar de los estipendios y sueldos. Si te retirases a tus estudios y dejases todo el cansancio de la vida, no vendrás a codiciar la noche por el fastidio del día, ni te cansarás de ti mismo, ni a otros serás enfadoso. Llevarás muchos a tu amistad, y te irán a buscar todos los hombres de bien, porque aunque la virtud esté en lugar oscuro, jamás se esconde, antes siempre da señales de sí, y cualquiera que fuese digno de ella, la hallará por las huellas. Pero si nos apartarnos de la comunicación; y renunciamos al trato de los hombres viviendo solamente para nosotros, sucederá a esta retirada una soledad, carecedora de todo buen estudio, y una falta de ocupaciones, con que comenzaremos a plantar unos edificios y a derribar otros, a dividir el mar, a conducir sus aguas contra la dificultad de los lugares, consumiendo mal el tiempo que nos dio la naturaleza para que lo empleásemos bien. Unos usamos de él con templanza y otros con prodigalidad: unos lo gastamos en tal forma que podemos dar razón, otros sin que nos queden reliquias de él, por lo cual no hay cosa más torpe que ver un viejo de mucha edad que, para probarla, no tiene otro testimonio que los años y las canas. Me parece oh carísimo Sereno, que Artemidoro se rindió con demasía a los tiempos, y que con demasiada presteza huyó de ellos, porque yo no niego que tal vez se ha de hacer retirada, pero ha de ser a paso lento, sin que el enemigo lo entienda, conservando las banderas y la reputación militar. Los que con las armas se entregan al enemigo están más seguros y estimados; lo mismo juzgo convenir a la virtud y a los amadores de ella, que si prevaleciera la fortuna, y les atajare la facultad y posibilidad de hacer bien, no huyan luego ni volviendo las espaldas desarmadas busquen donde esconderse, siendo cierto que no hay lugar seguro ni exento de las persecuciones de la fortuna. En tal caso entren con mayor denuedo en los negocios de la república, buscando con buena elección algún ministerio en que puedan ser útiles a su ciudad. El que no puede militar, aspire a honores civiles; si ha de pasar a la vida privada, sea orador; si le imponen silencio, ayude a sus ciudadanos con abogacía; si tiene peligro en los tribunales, muéstrese en las casas, espectáculos y convites buen vecino, amigo fiel y templado convidado; y en caso de que le falten los ministerios de ciudadano, no le falten los de hombre; y por esta razón, teniendo gallardía de ánimo, no nos hemos encerrado en las murallas de una ciudad, antes hemos salido al comercio de todo el orbe, juzgando por patria a todo el mundo, para dar con esto más ancho campo a la virtud. Si no has podido llegar a ser consejero, si te está privado el púlpito y no te llaman las juntas, pon los ojos en la grande latitud de provincias y pueblos, y verás que nunca se te prohíbe tanta parte que no sea mucho mayor la que se te deja. Pero advierte en que esta culpa no sea toda tuya, por no querer servir a la república, si no te hacen oidor, o uno de los cincuenta magistrados, o sacerdote de Ceres, o supremo dictador. ¿Será bueno que no quieras militar si no te hacen general o tribuno? Si otros están en el primer frente, y la fortuna te puso en retaguardia, pelea desde ella con la voz, con la exhortación, con el ejemplo y con el ánimo. El que estando a pie quedo esfuerza a los demás con vocería hallará cómo ayudar en la guerra, aun después de cortadas entrambas manos. Lo mismo harás tú, si la fortuna te apartase de los primeros puestos de la república, si estuvieses firme y la ayudases con voces; y si te cerraran los labios, no decaezcas, ayúdala con silencio, que el cuidado del buen ciudadano jamás es inútil, pues siempre hace fruto con el oído, con la vista, con el rostro, con la voluntad y con una tácita obstinación y hasta con los mismos pasos; porque al modo de muchas cosas salutíferas que hacen provecho con sólo olerlas, sin llegar a gustarlas o tocarlas, así la virtud esparce mil utilidades, aunque esté lejos y escondida, ora use de su derecho, ora tenga las entradas precarias, hallándose obligada a recoger las velas, ora esté ociosa y muda o encarcelada en angosto sitio, ora esté en público, porque en cualquier traje será provechosa. ¿Piensas tú que es de poco fruto el ejemplo del que retirado vive bien? Te aseguro que es cosa muy superior mezclar el ocio en los negocios cuando se prohíbe la vida activa, o ya con casuales impedimentos, o con el estado de la república. Porque nunca se cierran tan de todo punto las cosas que no quede lugar para alguna acción honesta.

Entiendo que fue Curio Dentado el que decía que quisiera más ser muerto que dejar de vivir. El último de los males naturales es el salir del número de los vivos antes de morir; pero con todo eso conviene hacerlo cuando le trajese la suerte a tiempo menos tratable para la república, para que con el ocio y las letras la ayudase más, y que, como quien se halla en alguna peligrosa navegación, procures tomar puerto, no esperando a que te dejen los negocios sino dejándolos tú.

Capítulo IV

Ante todas las cosas conviene pongamos los ojos en nosotros mismos, y después en los negocios que emprendemos, por quién o con quién los emprendemos. Y lo primero que cada uno ha de hacer es tantear su capacidad; porque muchos nos persuadimos a que tenemos fuerzas para llevar más carga de la que en efecto podemos. Hay unos que en confianza de su elocuencia se despeñan; otros gravan su hacienda más de lo que puede sufrir; otros con ocupación laboriosa oprimen su enfermizo cuerpo. A unos impide la vergüenza para el manejo de negocios civiles, que requieren osada frente, y en otros no es conveniente para palacio su terquedad: unos saben enfrenar la ira, ya otros cualquier indignación los enfurece, y algunos no saben poner límite a la graciosidad, ni abstenerse de peligrosas chocarrerías. A todos éstos más seguro será el ocio que la ocupación, siendo bien que la naturaleza impaciente y feroz evite las ocasiones nocivas a su libertad.

Capítulo V

Deben después de esto pesarse las cosas que emprendemos, cotejándolas con nuestras fuerzas, porque siempre es conveniente sean mayores las del que lleva que lo que ha de ser llevado, porque si éstas son mayores, será forzoso opriman al llevador. Además de esto, hay otros negocios que no tienen tanto de grandes como de fecundos, porque encadenan consigo otros muchos; y éstos, de quien se originan varias y nuevas ocupaciones, son de los que debemos huir, sin entrar en parte en donde no tengamos libre la salida. Sólo has de poner mano en aquellas cosas que esté en tu voluntad hacer, o esperar que tengan fin dejando las que se extienden a mayor latitud, sin poder terminarse cuando propusiste.

Capítulo X

Pero ¿de qué importancia es esta diferencia, si es una misma la cárcel en que estamos todos, estando también presos en ella los mismos que hicieron la prisión? Si no es que asimismo juzgues que es más ligera la cadena porque te la echaron al lado izquierdo. A unos enlazan y encadenan las honras, a otros las riquezas, a otros la nobleza; a unos oprime la humildad, y hay otros que tienen sobre la cabeza ajenos imperios, y otros los suyos: a unos detiene en un lugar el destierro, a otros el sacerdocio, siendo toda la vida una continuada servidumbre. Conviene, pues, acostumbrarnos a vivir en nuestro estado, sin dar de él una mínima queja, abrazando en él cualquier comodidad que tenga. No hay caso tan acerbo en que no halle algún consuelo el ánimo ajustado. Muchas veces el arte del buen arquitecto dispone pequeños sitios para varios usos; y la buena distribución hace habitable el sitio, aunque sea angosto. Arrima tú la razón a las dificultades, y verás cómo con en ellas se ablandan las cosas ásperas, se ensanchan las angostas, oprimiendo menos las graves a los que con valor las sufren. Más allá de esto no se han de extender los deseos de cosas remotas; y ya que de todo punto no los podemos estrechar, los hemos de permitir sólo aquello que está cercano, desechando lo que, o no puede conseguirse, o ha de conseguirse con dificultad. Sigamos lo que está cerca, y lo que se ajusta y proporciona con nuestra esperanza. Sepamos que todas las cosas son igualmente caducas, y que, aunque en lo exterior tienen diferentes visos, son en lo interior igualmente vanas. No tengamos envidia a los que ocupan encumbrados lugares, porque lo que nos parece altura, es despeñadero; y al contrario, aquellos a quienes la adversa suerte puso en estado de medianía, estarán más seguros si quitasen la soberbia a los ministerios que de suyo son soberbios, bajando, en cuanto les fuese posible, su fortuna a lo llano. Hay muchos que se ven forzados a estar aislados a la altura en que se hallan, por no poder bajar de ella sino cayendo; pero por la misma razón deben testificar que la carga que tienen les es muy pesada, por haber de ser ellos pesados a otros; y confiesen también que no están levantados, sino amarrados, y que prevengan con mansedumbre, con humildad y con mano benigna muchos socorros para los sucesos venideros, para que en esta confianza, aunque vivan pendientes, estén con mayor seguridad; y ninguna cosa los librará de las tormentas de ánimo, como el poner algún punto fijo a los acrecentamientos, sin que quede en albedrío de la fortuna el dejar de dar; exhórtense a sí mismos a parar mucho antes de llegar a los extremos; y de esta forma, aunque habrá algunos deseos que inciten el ánimo, no se extenderán a lo incierto y a lo inmenso.

Capítulo XI

Esta mi doctrina habla con los imperfectos, con los mediocres y con los malsanos, y no con el sabio, que ni vive temeroso ni anda atentado, porque tiene de sí tanta confianza, que no recela salir al encuentro a la fortuna, sin jamás rendírsele, y sin poseer cosa en que poder temerla; porque tiene por prestados no sólo los esclavos, las heredades y las dignidades, sino su mismo cuerpo, sus ojos y sus manos, y todo aquello que le pueda hacer más amable la vida, viviendo como de prestado a sí mismo, para sin tristeza restituirse a los que le volvieron a pedir; y no se desestima en saber que no es suyo, antes hace todas las cosas con tan gran diligencia y circunspección, como el hombre religioso y santo, que guarda lo que se entregó a su fe, y cada y cuando que se lo mandasen restituir lo hará sin dar quejas de la fortuna, antes dirá: «Te doy gracias por el tiempo que lo poseí. Yo estimo con veneración tus cosas, pero ya que me las pides te las restituyo con voluntad y agradecimiento: si gustas dejarme alguna, te la guardaré también; pero ya que de ellas tienes gusto, te restituyo la plata labrada, la acuñada, la casa y la familia». Si me llamase la naturaleza, que fue la primera que me prestó a mí, le diré también: «Tómate mi ánimo: mejorado te lo vuelvo de lo que me diste: no ronceo ni huyo; aprestado está por mí, que me hallo sin voluntad; recibe lo que me diste cuando no tenía sentido». El volver a la parte de donde venimos, ¿qué tiene de molestia? Aquél vivirá mal que ignorase el útil de morir bien. Lo primero, pues, a que se ha de quitar la estimación es a la vida, contándola entre las demás cosas serviles. Dice Cicerón que aborrecemos a los gladiadores que en pelea procuran salvar la vida, y, al contrario, favorecemos a los que la desprecian. Entiendo, pues, que lo mismo nos sucede a nosotros, siendo muchas veces causa de morir el esperar tímidamente a la muerte. La fortuna, que hace también sus regocijos y espectáculos, dice: «¿Para qué te he de reservar, animal malo y cobarde? Porque no sabes ofrecer el cuello has de ser más herido y maltratado; y, al contrario, tú, que no con cerviz forzada ni cruzadas las manos esperas el cuchillo, vivirás más tiempo y morirás con más despejo». El que temiese la muerte, no hará hazaña de varón vivo; mas el que conoce que al tiempo de su concepción capituló morir, vivirá según lo capitulado, y juntamente con la gallardía de ánimo hará que ninguna cosa de las que en la vida suceden le sea repentina; porque, teniendo por asentado que todo lo que puede venir le ha de suceder, mitigará los ímpetus de los males, que éstos nunca traen cosa de nuevo a los que estando prevenidos los esperan, y solamente son graves y pesados a los que viven con descuido y esperan solamente las cosas felices. Porque la enfermedad, la cautividad, la ruina y el incendio no me son cosas repentinas, sabiendo yo en cuán revoltoso hospedaje me encerró la naturaleza.

Capítulo XII

Conviene reformar los paseos, que en muchos hombres son tan continuos que andan siempre vagando por las casas y teatros, ofreciéndose a los negocios ajenos, remedando a los que siempre están ocupados. Y si preguntas a alguno de éstos, cuando sale de casa, a dónde va o en qué piensa, te responderá: «Por Dios que no lo sé, visitaré a algunos y haré algún negocio». Van sin determinación buscando ocupaciones; sin hacer aquello que habían determinado, hacen lo que primero se les ofreció; su paseo es vano y sin consejo, como el de las hormigas que suben por los árboles y después de haber llegado a la cima bajan vacías al tronco. Muchos son los que pasan la vida semejante a éstas, pudiendo con razón llamarla una inquieta pereza. De otros tendrás compasión, como de personas que corren de un incendio, que atropellando a los que encuentran se despeñan y los despeñan. Estos tales, después de haber corrido a saludar a quien no les ha de pagar la cortesía, o para hallarse en honra de persona con quien no tuvieron conocimiento, o para asistir a la vista de algún pleito, del que es siempre litigante, o a las bodas de quien muchas veces se casa, siguiendo su litera y ayudando en muchas partes a llevarla, cuando vuelven a sus casas con un vacío cansancio juran que ni saben a

qué salieron, ni dónde estuvieron, con haber de andar
los mismos pasos el día siguiente. Enderécese, pues, tu
trabajo a algún fin, y mire a parte segura. A los inquietos
y locos no los mueve la industria, les mueven las falsas
imágenes de las cosas, porque les obliga alguna vana esperanza; los convida la apariencia de aquello cuya vanidad no la comprende el entendimiento cautivo. Del
mismo modo sucede a los que salen de casa a sólo au-
mentar el vulgo, llevándolos por la ciudad insustanciales
y ligeras ocasiones, y sin tener en qué trabajar los expele
de sus casas la salida del sol; y después de haber sufrido
mil encontrones para llegar a saludar a muchos, siendo
mal admitidos de algunos, a ninguno hallan más dificul-
tosamente en casa que a sí mismos. De otra ociosidad se
origina el vicio de andar siempre escuchando e inqui-
riendo los secretos de la república y el saber muchas cosas que ni con seguridad se pueden contar, ni aun saber-
se con ella.

Capítulo XIII

Porque el que se ocupa de muchas cosas hace muchas
veces entrega de sí a la fortuna, siendo más seguro hacer
de ella pocas experiencias; no obstante que conviene
pensar mucho en ella, sin prometerse seguridad alguna
de su fe. Dirá el sabio: «Haré mi navegación, si no hubiera algún accidente; seré oidor, si no se ofreciese algún
impedimento; y mis trazas saldrán bien, si no interviene

algún estorbo». El decir esto es lo que obliga a que afirmemos que al sabio no le sucede cosa alguna contra su opinión. No le exceptuamos de los sucesos humanos, sino de los errores; ni decimos le suceden todas las cosas como deseó, sino como pensó; porque antes de emprenderlas se persuadió de que podía haber algo que impidiese la ejecución de sus deseos, y así, es forzoso que al que no se prometió seguridad en sus intentos, venga más templado el dolor de verlos defraudados.

Capítulo XIV

Debemos también hacernos fáciles, sin entregarnos con pertinacia a las determinaciones; pasemos a lo que nos llevase el suceso, y no temamos las mudanzas de consejo o de estado, con tal de que no seamos poseídos de la liviandad, vicio encontradísimo con la quietud; porque es forzoso que la pertinacia sea congojosa y miserable en aquel a quien diversas veces quita alguna cosa la fortuna, y que sea más grave la liviandad de aquel que jamás está en su ser. El ignorar hacer mudanza cuando conviene y el no saber perseverar en cosa alguna, son cosas contrarias a la tranquilidad: conviene, pues, que apartándose el ánimo de todas las externas, se reduzca a sí, confíe de sí y se alegre consigo: abrace sus cosas en cuanto fuese posible, abstrayéndose de las ajenas y aplicándose a sí mismo sin sentir los daños, juzgando con benignidad aun de las cosas más adversas.

Capítulo XV

Y no basta desechar las causas de la tristeza particular, que sin ellas nos posee muchas veces un aborrecimiento de todo el género humano, saliéndonos al encuentro la turba de tantas bien afortunadas maldades; y cuando hacemos reflexión de cuán rara es la sencillez, cuán no conocida la inocencia y cuán poco guardada la fe, si no es en aquel a quien le está bien guardarla; y cuando miramos las ganancias y los daños de la sensualidad, igualmente aborrecidos; cuando vemos que la ambición, no ajustada en sus debidos términos, resplandece con su misma torpeza, se le esconde al ánimo la luz, salen oscuras tinieblas cuando por estar abatidas las virtudes, ni es permitido esperarlas, ni aprovecha tenerlas. Debemos, pues, rendirnos a no tener por aborrecibles sino por ridículos todos los vicios del vulgo, imitando antes a Demócrito que a Heráclito. Éste siempre que salía en público lloraba y el otro reía. Éste juzgaba todas nuestras acciones por miserias, y aquél las tenía por locuras. Súfranse todas las cosas con suavidad de ánimo, siendo más humana acción reírnos de la vida que llorarla. Y añade que en mayor obligación pone al género humano el que se ríe de él, que no el que le llora; porque el primero deja alguna parte de esperanza y este otro llora neciamente aquello que desconfía poder remediarse.

Conviene mucho retirarnos en nosotros mismos, porque la conversación que se tiene con los que no son nuestros semejantes descompone todo lo bien compuesto, y renueva los afectos y las llagas de todo aquello que en el ánimo está flaco y mal curado. Pero también conviene mezclar y alternar la soledad y la comunicación, porque aquélla despertará en nosotros deseos de comunicar a los hombres, y esta otra de comunicarnos a nosotros mismos, siendo la una el antídoto de la otra. La soledad curará el aborrecimiento que se tiene a la turba, y la turba curará el fastidio de la soledad: que el entendimiento no ha de estar perseverante siempre con igualdad en una misma intención, que tal vez ha de pasar a los entretenimientos. Sócrates no se avergonzaba de jugar con los niños, y Catón recreaba en convites el ánimo fatigado de cuidados públicos. Escipión danzaba al compás con aquel su militar y triunfador cuerpo: pero no haciendo mudanzas afeminadas de las que exceden a la blandura mujeril, como las que ahora se usan, sino como lo solían hacer aquellos antiguos varones que se entretenían entre el juego y los días festivos, danzando varonilmente, sin que pudiesen perder crédito aunque los viesen danzar sus enemigos. Tiene que darse algún refrigerio a los ánimos, porque descansados se levanten mejores y más valientes al trabajo; y como los campos fértiles no se han de fatigar, porque el no dar alguna intermisión a su fecundidad los enflaquecerá con presteza, así el trabajo continuo quebranta los ímpetus del ánimo, que recreado tomará más fuerzas. De la continuación en los cuidados nace una como inhabilidad y descaecimiento de los ánimos; y el eficaz deseo de los hombres no se inclinará a tanto, si en el entretenimiento y juego no se hallara un casi natural deleite, cuyo uso siendo frecuente quita a los ánimos todo el vigor y fuerza. Necesario es el sueño para reparar fuerzas; pero si le continúas de día y de noche, vendrá a ser muerte: mucha diferencia hay en aflojar, o soltar una cosa.

Conviene ensanchar el ánimo dándole algún ocio que aliente y dé fuerza y el paseo que se hiciese en campo abierto, para que en cielo libre y con mucho aliento se levante y aumente el ánimo; y tal vez dará vigor el andar a caballo, haciendo algún viaje y mudando de sitio. Los banquetes, y la bebida algo más licenciosa, y aún llegando tal vez a la raya de la embriaguez (no de modo que nos anegue, sino que nos divierta), nos aligerarán los cuidados sacando el ánimo de su encerramiento; porque como el vino cura algunas enfermedades, así también cura la tristeza. A Baco, inventor del vino, le llamaron Liber, no por la libertad que da a la lengua, sino porque libra el ánimo de la servidumbre de los cuidados, fortaleciéndole y haciéndole más vigoroso y audaz para todos los intentos; pero como en la libertad es saludable la moderación, lo es también el vino; a Catón le tacharon de embriaguez; pero el que a Catón opone esta culpa podrá con más facilidad persuadir que ella sea honesta, que no qué Catón haya sido torpe. Mas esta licencia del vino no se ha de tomar muchas veces, para que el ánimo no se habitúe a malas costumbres, aunque tal vez ha de salir a regocijo y libertad; desechando algún tanto la sobriedad triste; porque si damos crédito al poeta griego, alguna vez da alegría enloquecerse, y si a Platón, en vano abre las puertas a la poesía el que está con entero juicio, y si a Aristóteles, pocas veces hubo ingenio grande sin alguna mezcla de locura. No puede decir cosa superior y que exceda a los demás, si no es el entendimiento altivo, que despreciando lo vulgar y usado, se levanta más alto con un sagrado instinto, porque entonces con boca de hombre canta alguna cosa superior. Mientras una persona está en sí, no se le puede ofrecer pensamiento sublime, y puesto en altura, conviene que se aparte de lo acostumbrado y que se levante, y que tascando el freno arrebate al caballero que le guía, llevándole hasta donde él no se atrevería a correr.

DE LA CONSTANCIA DEL SABIO Y QUE EN ÉL NO PUEDE CAER INJURIA

Capítulo I

No sin razón me atreveré a decir, oh amigo Sereno, que entre los filósofos estoicos y los demás profesores de la sabiduría hay la diferencia que entre los hombres y las mujeres; porque aunque los unos y los otros tratan de lo concerniente a la comunicación y compañías de la vida, los unos nacieron para imperar, y los otros para obedecer. Los demás sabios son como los médicos domésticos y caseros, que aplican a los cuerpos medicamentos suaves y blandos, no curando como conviene, sino como les es permitido. Los estoicos, habiendo entrado en varonil camino, no cuidan de que parezca ameno a los que han de caminar por él, tratan sólo de librarlos con toda presteza de los vicios, colocándolos en aquel alto monte que de tal manera está encumbrado y seguro, que no sólo no alcanzan a él las flechas de la fortuna, sino que aun les está superior. Los caminos a que somos llamados son arduos y fragosos, que en los llanos no hay cosa eminente; pero tras todo eso, no son tan despeñaderos como muchos piensan. Solas las entradas son pedregosas y ásperas, y que parece están sin senda, al modo que sucede a los que de lejos miran las montañas, que se les representan ya quebradas y ya unidas, porque la distancia larga engaña fácilmente la vista; pero en llegando más cerca, todo aquello que el engaño de los ojos había juzgado por unido, se va poco a poco mostrando dividido; y lo que desde lejos parecía despeñadero, se descubre en llegando ser un apacible collado.

Capítulo II

Por lo que toca a Catón, te dije que no había para qué te congojases, porque ningún sabio puede recibir injuria ni afrenta; y que los dioses nos dieron a Catón por más cierto dechado de un varón sabio, que en los siglos pasados a Ulises o Hércules; porque a éstos llamaban sabios nuestros estoicos por haber sido invictos de los trabajos, despreciadores de los deleites, y vencedores de todos los peligros. Catón no llegó a manos con las fieras, que el seguirlas es de agrestes cazadores, ni persiguió a los monstruos con fuego o hierro, ni vivió en los tiempos en que se pudo creer que se sostuvo el cielo sobre los hombros de un hombre; mas estando ya el mundo en sazón que desechaba la antigua credulidad y había llegado a entera astucia, peleó con el soborno y con otros infinitos males; peleó con la hambrienta y ambiciosa codicia de imperar que tenían aquéllos, a quienes no parecía suficiente el orbe divino entre los tres; y sólo Catón estuvo firme contra los vicios de la República, que iba degenerando y cayéndose con su misma grandeza, y en cuanto estuvo en su mano, la sostuvo, hasta que arrebatado y apartado se le entregó por compañero en la ruina, que mucho tiempo había detenido, muriendo juntos él y la República, por no ser justo se dividiesen; pues ni Catón vivió en muriendo la libertad, ni hubo libertad en muriendo Catón. ¿Piensas tú que a tal varón pudo injuriar el pueblo porque le quitó el gobierno y la garnacha, y porque cubrió de saliva aquella sagrada cabeza? El sabio siempre está seguro, sin que la injuria o la afrenta le puedan hacer ofensa.

Capítulo VI

No hay por qué dudes de que hay hombre nacido que pueda levantarse sobre las cosas humanas, mirando con tranquilidad los dolores, las pérdidas, las llagas, las heridas, y, finalmente, los grandes movimientos que cercándole braman mientras él plácidamente sufre las cosas adversas y con moderación las prósperas; sin rendirse con aquéllas ni desvanecerse con éstas, siendo uno mismo entre tan diversos casos; y sin juzgar que hay algo que sea suyo, si no es a sí mismo; y esto por la parte en que es mejor. Aquí estoy para probarte esta verdad con este destruidor de tantas ciudades. Podrán desmoronarse con la batería las murallas, y caer de repente con las secretas minas las altas torres; podrán subir los baluartes de modo que se igualen a los más encumbrados alcázares, pero ningunas máquinas militares se hallarán para conmover un ánimo bien fortalecido. «Me libré (dice) de las ruinas de mi casa, y huí por medio de las llamas que de todas partes estaban relumbrando; y no sé si el suceso que habrán tenido mis hijos será peor que el público. Yo, solo y viejo, viéndome cercado de enemigos, digo que toda mi hacienda está en salvo, porque tengo y poseo todo lo que de mí tuve; no tienes por qué juzgarme vencido, ni estimarte por vencedor; tu fortuna fue la que venció a la mía. Yo ignoro dónde están aquellas cosas caducas que mudaron dueño; pero lo que a mí me toca, conmigo está y estará siempre. En este caso perdieron los ricos su riqueza, los lascivos sus amores y las amigas amadas con mucha costa la vergüenza. Los ambiciosos perdieron los tribunales y lonjas y los demás lugares destinados para ejercer en público sus vicios. Los logreros perdieron las escrituras en que la avaricia, fingidamente alegre, tenía puesto el pensamiento; pero yo todo lo tengo libre y sin lesión. A estos que lloran y se lamentan, y a los que por defender sus riquezas oponen sus desnudos pechos a las desnudas espadas, y a los que, huyendo del enemigo, llevan cargados los senos, puedes preguntar lo que perdieron». Ten, pues, por cosa cierta, amigo Sereno, que aquel varón perfecto, lleno de todas las virtudes humanas y divinas, no perdió cosa alguna, porque sus bienes estaban cercados de murallas firmes e inexpugnables.

Capítulo VII

Y no tengo que advertirte de nuevo que no hay otro que sea bueno sino el sabio. Me dirás que aunque Sócrates fue condenado injustamente, al fin recibió injuria. Para esto conviene que sepamos que puede suceder que alguno me haga injuria y que yo no la reciba, como si una persona, habiendo hurtado alguna cosa de mi granja, me la pusiese en mi casa; éste tal cometió hurto, pero yo no perdí cosa alguna; así, puede uno ser dañador sin hacer daño. Se acuesta uno casado con su mujer juzgando que es ajena; éste será adúltero sin que lo sea la mujer. Dame algún veneno, que mezclado con la comida, perdió la fuerza; pero con darme el veneno, aunque no me dañó, se hizo sujeto a la culpa; y no deja de ser ladrón aquel cuyo puñal quedó frustrado con la ropa. Todas las maldades son perfectas cuanto a la culpa, aunque no se consiga el efecto de la obra; pero hay algunas en tal modo unidas, que no puede estar lo uno sin lo otro. Yo procuraré hacer evidente lo que digo: puedo mover los pies sin correr, pero no puedo correr sin moverlos; puedo estar en el agua sin nadar, pero no puedo nadar sin estar en el agua. De esta calidad es lo que trato: si recibí la injuria, es fuerza que se hiciese; pero no es fuerza que por haberse hecho la haya yo recibido, porque pueden haberse ofrecido muchas cosas que hayan apartado la injuria; y como algunos sucesos pueden detener la mano levantada y apartar las saetas disparadas, así puede haber alguna cosa que repela cualesquier injurias, deteniéndolas, de modo que aunque sean hechas no sean recibidas. Además de esto, la justicia no puede sufrir lo injusto, por no ser compatibles los contrarios, y la injuria no puede hacerse si no es con justicia.

Capítulo IX

Finalmente, el sabio sufre todas las cosas, al modo que pasa el invierno, el rigor y la destemplanza del cielo, y como los calores y enfermedades y las demás cosas que penden de la suerte; y no juzga de cualquiera que lo que hace lo guía por consejo, que éste sólo se halla en el sabio, que en los demás no hay consejos, sino engaños, asechanzas y movimientos pálidos del ánimo, atribuyéndolo todo a los casos. Porque todo lo que es casual y fortuito, si se enfurece y altera, es fuera de nosotros. ¿Y piensas también que aquellos por quien se nos dispone algún peligro tienen ancha materia a las injurias, ya con testigos supuestos, ya con falsas acusaciones, ya irritando contra nosotros los movimientos de los poderosos; con otros mil latrocinios que pasan aun entre los de ropas largas, teniendo también por injuria si se les quita su ganancia o el premio mucho tiempo procurado, si les salió incierta la herencia solicitada con grandes diligencias, quitándoseles la gracia de la casa que les había de ser provechosa? Pues todo esto lo desprecia el sabio, porque no sabe vivir en esperanza, o en miedo de lo temporal.

Capítulo XII

Pues ¿qué mayor locura puede haber como el deleitarnos y ofendernos de las mismas cosas, y el tener por afrenta lo que me dice mi amigo, teniendo por bufonería lo que me dice el esclavo? El ánimo que nosotros tenemos contra los niños, ese mismo tiene el sabio contra aquellos que, aun después de pasada la juventud y habiendo llegado las canas, se están en la puerilidad y niñez. ¿Han, por ventura, medrado algo éstos en quienes están arraigados los males del ánimo? Y si han crecido, ha sido en errores, diferenciándose de los niños solamente en ser mayores y en la forma de los cuerpos; que en lo demás no están menos vagos e inciertos, apeteciendo el deleite sin elección y estando temerosos; y si se ven algún tiempo quietos, no es por inclinación sino por miedo. ¿Quién, pues, habrá que diga hay diferencia entre ellos y los muchachos, más de que toda la codicia de éstos está en tener algunos dados y alguna moneda de vellón, y la de otros es de oro, plata y ciudades? Los muchachos hacen también entre sí sus magistrados, imitando la garnacha, las varas y los tribunales que los hombres tienen; los muchachos hacen en las riberas formas de casas juntadas de arena. Los hombres, como si emprendiesen alguna cosa grande, se ocupan en levantar piedras, paredes y techos, que habiendo sido inventados para defensa de los cuerpos, se convierten en peligro suyo; iguales, pues, son a los muchachos, y si en algo se les adelantan en algunas cosas mayores, todo al fin es error; y así, no sin causa el sabio recibe las injurias de éstos como juegos, y tal vez los amonesta con el mal y con la pena como a muchachos, no porque él haya recibido la injuria, sino porque la hicieron ellos, y para que desistan de hacerla; al modo que cuando los caballos rehúsan la carrera les da el caballero con el azote, y sin enojarse con ellos los castiga para que el dolor venza la rebeldía.

Capítulo XIII

Advierte que el sabio tiene el mismo oficio con todos que el médico con sus enfermos, sin que éste se desdeñe de tocar las obscenidades, ni mirar los excrementos, cuando de ello necesita el enfermo, y sin que se enoje de escuchar las palabras ásperas de los frenéticos que se enfurecen. Conoce el sabio que muchos de los que andan con la toga y la púrpura, aunque tienen buen color y parece que están fuertes, están malsanos; y los mira como a los enfermos destemplados, y con esto no se ensaña, aunque desvergonzadamente se atrevan a intentar con la enfermedad alguna cosa contra el que los cura; y como hace poca estimación de los honores que el enfermo le da, tampoco hace caudal de las acciones contumeliosas; y como hace poco aprecio de que un mendigo le honre, tampoco tiene por injuria si algún hombre de los de ínfima plebe, siendo saludado, no le pagó la cortesía; ni se estima en más porque muchos ricos le estimen; porque conoce que en ninguna cosa se diferencian de los mendigos, antes son más desdichados; porque los pobres necesitan de poco y los ricos de mucho; y, finalmente, no se sentirá el sabio de que el rey de los medos, o Atalo, rey de Asia, pase con silencio y con arrogante rostro cuando él le saluda: porque conoce que el estado de los reyes no tiene otra cosa de que se tenga envidia más que la que se tiene de aquel a quien, en una gran familia, le cupo el cuidado de regir los enfermos y enfrenar los locos. ¿Me sentiré yo, por ventura, si uno de los que en los ejércitos están negociando y comprando malos esclavos, de que están llenas sus tiendas, me dejase de saludar? Pienso que no me sentiría, porque ¿qué cosa tiene buena aquel en cuyo poder no hay alguno que no sea malo? Luego al modo que el sabio desprecia la cortesía o descortesía de éste, desestimará la del rey que tiene en sus servicios esclavos partos, medos y bactrianos; pero de tal manera que los enfrena con miedo, sin atreverse jamás a aflojar el arco por ser malos y venales y que desean mudar de dueño.

Capítulo XIV

Hay hombres tan mentecatos que juzgan pueden recibir afrenta de una mujer. Qué importa que ella sea rica; que tenga muchos litereros, que traiga costosas arracadas, que ande en ancha y costosa silla, pues con todo es un animal imprudente, y, si no se le arrima alguna ciencia y mucha erudición, es una fiera que no sabe enfrentar sus deseos. Hay algunos que llevan impacientemente el ser impelidos por los criados guedejudos que los acompañan, y tienen por afrenta el hallar dificultad en los porteros y soberbia en el que cuida de las visitas o sobrecejo en el camarero. ¡Oh, cómo conviene despertar la risa en estas ocasiones! ¡Y cómo se debe de henchir de deleite el ánimo cuando en su quietud contempla los errores ajenos! ¿Pues qué se ha de hacer? ¿No ha de llegar el sabio a las puertas guardadas por un áspero y desabrido portero? Si le obligase algún caso de necesidad, podrá experimentar el llegar a ellas, amasando primero con algún regalo al que guarda como perro mordedor, sin reparar en hacer algún gasto, para que le dejen llegar a los umbrales; y considerando que hay muchos puentes donde se paga el tránsito, no se indignará de pagar algo y se perdonará al que tiene a su cargo la cobranza, fuere quien fuere, pues vende lo que está expuesto a venderse. De corto ánimo es el que se muestra ufano porque habló con libertad al portero y porque le rompió la vara y se entró al dueño y le pidió que le mandase castigar. El que porfía se hace competidor, y aunque venza ya se hizo igual. ¿Qué hará, pues, el sabio cargado de golpes? Lo que hizo Catón cuando le hirieron en la cara, que ni se enojó ni vengó la injuria, y tampoco la perdonó, porque negó estar injuriado: mayor ánimo fue no reconocerla, de lo que fuera el perdonarla. Y no nos detengamos mucho en esto, porque ¿quién hay que ignore que de estas cosas que se tienen por buenas o por malas hace el sabio diferente concepto de los demás? No pone los ojos en lo que los hombres tienen por malo y desdichado; porque no camina por donde el pueblo. Y al modo que las estrellas hacen su viaje contrario al mundo, así el sabio camina contra la opinión de todos.

Capítulo XIX

Las afrentas, las malas palabras, las ignominias y los demás denuestos los sufra como vocería de los enemigos, y como armas y piedras remotas, que sin hacer herida hacen estruendo cerca de los morriones; las sufre sin mostrar flaqueza y sin perder el puesto, las unas como heridas dadas en las armas y las otras en el pecho; y aunque te aprieten, y con molesta violencia te compelan, es torpeza el rendirte; defiende, pues, el puesto que te señaló la naturaleza. Y si me preguntas qué puesto es éste, te responderé que el de varón. El sabio tiene otro socorro diverso del vuestro, porque vosotros estáis en la pelea, y para él ya está ganada la victoria; no hagáis repugnancia a vuestro bien, y mientras llegáis al que es verdadero, alentad en vuestros ánimos esta esperanza, y recibid con gusto lo que es mejor, y confesad con opinión y con deseos el decir que en la república del linaje humano hay alguno invencible y en quien no tiene imperio la fortuna.

DE LA BREVEDAD DE LA VIDA

Capítulo I

El tiempo que tenemos no es corto; pero perdiendo mucho de él, hacemos que lo sea, y la vida es suficientemente larga para ejecutar en ella cosas grandes, si la empleáramos bien. Pero al que se le pasa en ocio y en deleites, y no la ocupa en loables ejercicios, cuando le llega el último trance, conocemos que se le fue, sin que él haya entendido que caminaba. Lo cierto es que la vida que se nos dio no es breve, nosotros hacemos que lo sea; y que no somos pobres sino pródigos del tiempo; sucediendo lo que a las grandes y reales riquezas, que si llegan a manos de dueños poco cuerdos, se disipan en un instante; y al contrario las cortas y limitadas, entrando en poder de próvidos administradores, crecen con el uso. Así nuestra edad tiene mucha latitud para los que usaren bien de ella.

Capítulo III

No hay para qué cargues a los otros estas obligaciones, pues, cuando fuiste a buscarlos, no fue tanto para estar con ellos cuanto porque no podías estar contigo. Aunque concurran en esto todos los ingenios que resplandecieron en todas las edades, no acabarán de ponderar suficientemente esta niebla de los humanos entendimientos. No consienten que nadie les ocupe sus heredades; y por pequeña que sea la diferencia que se ofrece en asentar los linderos, vienen a las piedras y a las armas; y tras eso, no sólo consienten que otros se les entren en su vida, sino que ellos mismos introducen a los que han de ser poseedores de ella. Ninguno hay que quiera repartir sus dineros, habiendo muchos que distribuyen su vida; se muestran miserables en guardar su patrimonio, y cuando se llega a la pérdida de tiempo, son pródigos de aquello en que fuera justificada la avaricia. Deseo llamar a alguno de los ancianos, y pues tú lo eres habiendo llegado a lo último de la edad humana, teniendo cerca de cien años o más, ven acá, llama a cuentas a tu edad. Dime: ¿cuánta parte de ella te consumió el acreedor, cuánta el amigo, cuánta la República y cuánta tus allegados, cuánta los disgustos con tu mujer, cuánta el castigo de los esclavos, cuánta el apresurado paseo por la ciudad? Junta a esto las enfermedades tomadas con tus manos, añade el tiempo que se pasó en ociosidad, y hallarás que tienes muchos menos de los que cuentas. Trae a la memoria si tuviste algún día firme determinación, y si le pasaste en aquello para lo que le habías destinado. Qué uso tuviste de ti mismo; cuándo estuvo en un ser el rostro, cuándo el ánimo sin temores; qué cosa hayas hecho para ti en tal larga edad; cuántos hayan sido los que te han robado la vida, sin entender tú lo que perdías; cuánto tiempo te han quitado el vano dolor, la ignorante alegría, la hambrienta codicia y la entretenida conversación; y viendo lo poco que a ti te has dejado de ti, juzgarás que mueres malogrado.

Capítulo VII

De las demás artes donde quiera se encuentran muchos profesores, y algunas hay que aun los muy niños las han aprendido de modo que las pudieran enseñar; mas la de vivir, toda la vida se ha de ir estudiando, y lo que más se debe ponderar es que toda ella se ha de gastar en aprender a morir. Muchos grandes varones, habiendo dejado todos los embarazos, renunciando a las riquezas, oficios y entretenimientos, no se ocuparon en otra cosa hasta el remate de su vida, sino en el arte de saber vivir; y muchos de ellos murieron confesando que aún no habían llegado a conseguirlo: ¿cómo, pues, lo sabrán los que no lo estudian? Créeme que es de hombres grandes, y que sobrepujan a los humanos errores, no consentir que se les usurpe un instante de tiempo, con lo cual viene a ser larguísima su vida, porque todo lo que ella se extendió fue para ellos, no consintiendo hubiese cosa ociosa y sin cultivar; no entregaron parte alguna al ajeno dominio, porque no hallaron equivalente recompensa con qué permutar el tiempo; y así fueron vigilantísimos guardadores de él, con lo cual les fue suficiente: al contrario, es forzoso les falte a los que el pueblo ha quitado mucha parte de la vida. Y no entiendas que éstos dejan de conocer que de aquella causa les procede este daño; a muchos de éstos, a quienes la gran felicidad apesga, oirás exclamar entre la caterva de sus paniaguados, o en el despacho de los negocios, o en las demás honrosas miserias, que no les es permitido vivir. ¿Qué maravilla es que no se les permita? Todos aquello que se te allegan te apartan de ti. ¿Cuántos días te quitó el preso, cuántos el pretendiente, cuántos la vieja cansada de enterrar herederos, cuántos el que se fingió enfermo para despertar la avaricia de los que codician su herencia, cuántos el amigo poderoso que te tiene no para amistad, sino para ostentación? Haz (te ruego) un avanzo, y cuenta los días de tu vida, y verás cuán pocos y desechados han sido los que has tenido para ti. El otro que llegó para conseguir el consuelo que tanto pretendió, desea dejarlo, y dice: «¿Cuándo se acabará este año?». Tiene el otro a su cargo las fiestas, habiendo hecho gran aprecio de que le cayó por suerte la comisión, y dice: «¿Cuándo saldré de este cuidado?». Escogen a uno para abogado entre todos los demás, y se llena el tribunal de gente para oírle, aun hasta donde no alcanza su voz, y dice: «¿Cuándo se acabará de sentenciar este pleito?». Cada cual precipita su vida, trabajando con el deseo de lo futuro y con el hastío de lo presente. Pero aquel que aprovecha para sí todo su tiempo, y el que ordena todos sus días para que los sean de vida, ni desea ni teme al día venidero: porque ¿qué cosa le puede acarrear que le sea disgusto? Conocidas tiene con hartura todas las cosas; en lo demás disponga la fortuna como quisiere, que ya la vida de éste está en puerto seguro; se le podrá añadir algo, pero quitar no; sucediéndole lo que al estómago, que estando satisfecho, y no cargado, admite algún manjar sin haberlo apetecido.

Capítulo VIII

No hay quien pueda restituirte los años, y ninguno te restituirá a ti mismo; la edad proseguirá el camino que comenzó, sin volver atrás ni detenerse; no habrá ruido ni te advertirá de su velocidad; pasará con silencio; no se prorrogará por mandato de los reyes ni por el favor del pueblo, correrá desde el primer día como se le ordenó; en ninguna parte tomará posada ni se detendrá. ¿Qué se seguirá de esto? Que, mientras tú estás ocupado huye aprisa la vida, llegando la muerte, para la cual, quieras o no quieras, es forzoso desocuparte.

Capítulo IX

¿Por ventura alguno (hablo de aquellos que se precian de prudentes), viviendo con más cuidado, podrá conseguir el vivir con más descanso? Disponen la vida haciendo cambios y recambios de ella, y extienden los pensamientos a término largo, consistiendo la mayor pérdida de la vida en la dilación; ella nos saca de las manos el primer día, ella nos quita las cosas presentes, mientras nos está ofreciendo las futuras; siendo gran estorbo para la vida la esperanza, que pende de lo que ha de suceder mañana. Pierdes lo presente, y, disponiendo de lo que está en las manos de la fortuna, dejarás lo que está en las tuyas. ¿Adónde pones la mira? ¿Hasta dónde te extiendes? Todo lo que está por venir es incierto. Vive desde luego, y advierte que el mayor de los poetas, como inflamado de algún divino oráculo, cantó aquel saludable verso; «El mejor día de la primera edad es el primero que huye a los mortales». ¿Cómo te detienes? (Dice). ¿Cómo tardas? El tiempo huye si no lo ocupas; y aunque lo ocupes, huye; y así, se ha de contrastar su celeridad con la presteza de aprovecharlo, cogiendo con prisa el agua como de arroyo rápido que en pasando la corriente queda seco.

Capítulo X

¿Cómo, pues, en tan apresurada huida del tiempo quieres tú con seguridad y presteza extender en una larga continuación los meses y los años, regulándolos a tu albedrío? Advierte que el poeta habló contigo cuando habló del día, y del día que huye. No se debe, pues, dudar que huye el primero el buen día a los miserables y ocupados hombres, cuyos pueriles ánimos oprime la vejez, llegando a ella desapercibidos y desarmados. No hicieron prevenciones, y dieron de repente en sus manos, no echando de ver que cada día se les iba acercando; sucediéndoles lo que a los caminantes, que entretenidos en alguna conversación, o alguna lectura, o algún interior pensamiento, echan de ver que han llegado al lugar antes que entendiesen estaban cerca. Así este continuo y apresurado viaje de la vida, en que vamos a igual paso los dormidos y los despiertos, no lo conocen los ocupados sino cuando se acabó.

Capítulo XII

¿Quieres, finalmente, saber lo poco que viven?, pues mira lo mucho que desean vivir. Mendigan los viejos decrépitos, a fuerza de votos, el aumento de algunos pocos años. Se fingen de menos edad, y se lisonjean con la mentira; engañándose con tanto gusto como si juntamente engañaran a los hados. Pero cuando algún accidente les advierte la mortalidad, mueren como atemorizados, no como los que salen de la vida, sino como excluidos de ella. Dicen a voces que fueron ignorantes en no haber vivido, y que si escapan de aquella enfermedad, han de vivir en descanso; conocen entonces cuán en vano adquirieron los bienes que no han de gozar, y cuán perdido fue todo afán. Pero ¿qué cosa estorba que la vida de los que la pasan apartados de negocios no sea larga? Ninguna parte de ella se emplea en diferente fin,

nada se desperdicia, nada se da a la fortuna, nada con negligencia se pierde, nada se disminuye con dádivas, nada
hay infructuoso; y para decirlo en una palabra, toda ella
está dando réditos, y así, por pequeña que sea, es suficiente. De que se seguirá que cada y cuando que al varón
sabio le llegare el último día, no se detendrá en ir a la
muerte con paso deliberado. ¿Me preguntarás, por ventura, a qué personas llamo ocupadas? No pienses que
hablo sólo de aquellos que para que desocupen los tribunales es necesario soltar los perros, y que tienen por
honrosos los encontrones que les dan los que los siguen,
y por afrentosos los que reciben de los que no les acompañan, ni aquellos a quienes sus oficios los sacan de sus
casas para chocar con las puertas ajenas, ni aquellos a
quienes enriquece la vara del juez con infames ganancias, que tal vez crían postema. El ocio de algunos está
ocupado en su aldea o en su cama; pero en medio de la
soledad, aunque se apartaron de los demás, ellos mismos
se son molestos, y así de éstos no hemos de decir que tienen vida descansada, sino ocupación ociosa.

Capítulo XIII

¿Llamarás tú desocupado al que gasta la mayor parte del
día en limpiar con cuidadosa solicitud los vasos de Co-
rinto, estimados por la locura de algunos y en quitar el
orín a las mohosas medallas? ¿Al que sentado en el lugar
de las luchas está mirando las pendencias de los mozos?

Porque ya (¡oh grave mal!) no sólo enfermamos con vicios romanos. ¿Al que está apareando los rebaños de sus esclavos, dividiéndolos por edades y colores, y al que banquetea a los que vencen en la lucha? ¿Por qué llamas descansados a aquellos que pasan muchas horas con el barbero mientras les corta el pelo que creció la noche pasada, y mientras se hace la consulta sobre cualquier cabello, y mientras las esparcidas guedejas se vuelven a componer, o se compele a los desviados pelos que de una y otra parte se juntan para formar copete? Por cualquier descuido del barbero se enojan como si fueran varones; se enfurecen si se les cortó un átomo de crines, o si quedó algún cabello fuera de orden, si no entraron todos en los rizos. ¿Cuál de éstos no quiere más que se descomponga la paz de la república que la compostura de su cabello? ¿Cuál no anda más solícito en el adorno de su cabeza que en la salud del Imperio, preciándose más de lindo que de honesto? ¿A éstos llamas tú desocupados, estando tan ocupados entre el peine y el espejo? ¿Pues qué dirás de aquellos que trabajan en componer, oír y aprender tonos, mientras con quiebras de necísima melodía violentan la voz que naturaleza les dio, con un corriente claro, bueno y sin artificio? ¿Aquellos cuyos dedos midiendo algún verso están siempre haciendo son? ¿Aquellos que llamados para cosas graves y tristes, se les oye una tácita música? Todos éstos no tienen ocio, sino perezoso negocio. Tampoco pondré convites de éstos entre los tiempos desocupados, viéndolos tan solícitos en componer los aparadores, en alinear las libreas de sus criados, que suspensos están en cómo vendrá partido el jabalí por el cocinero, con qué presteza han de acudir los pajes a cualquier seña, con cuánta destreza se han de trinchar las aves en no feos pedazos, cuán curiosamente los infelices mozuelos limpian la saliva de los borrachos. Con estas cosas se afecta granjear fama de curiosos y espléndidos, siguiéndoles de tal modo sus vicios hasta el fin de la vida, que ni beben ni comen sin ambición. Tampoco has de contar entre los ociosos a los que se hacen llevar de una parte a otra en silla o en litera; saliendo al encuentro a las horas de paseo, como si el dejarle no le fuera lícito. Otro les advierte cuándo se han de lavar, cuándo se han de bañar, cuándo han de cenar; y llega a tanto la enfermedad de ánimo relajado y dejativo, que no pueden saber por si acaso tienen hambre. Oí decir de uno de estos delicados (si es que se puede llamar deleite ignorar la vida y la costumbre de hombres) que habiéndolo sacado de un baño en brazos, y sentándolo en una silla, dijo, preguntando, si estaba sentado. ¿Piensas tú que éste que ignora si está sentado, sabe si vive, si ve y si está ocioso?

Capítulo XIV

Éste, pues, no se debe llamar ocioso; otro nombre se le ha de poner; enfermo está, o, por mejor decir, muerto. Ocioso es el que conoce su oficio; pero el que para entender sus acciones corporales necesita de quien se las advierta, éste solamente es medio vivo. ¿Cómo tendrá dominio en el tiempo? Sería prolijidad referir todos aquellos a quien los dados, el ajedrez, la pelota, o el cuidado de curtirse al sol, les consume la vida. No son ociosos aquellos cuyos deleites los traen afanados, y nadie duda que los que se ocupan en estudios de letras inútiles, de que ya entre los romanos hay muchos, fatigándose no poco, obran nada. Enfermedad fue de los griegos investigar qué número de remeros tuvo Ulises; si se escribió primero la *Ilíada* o la *Odisea*; si son entrambos libros de un mismo autor, con otras impertinencias de esta calidad, que calladas, no ayudan a la conciencia, y dichas, no dan opinión de más docto, sino de más enfadoso. Advierte cómo se ha ido apoderando de los romanos la inútil curiosidad de aprender lo no necesario. Estos días oí a un hombre sabio, que refería que Druilo fue el primero que venció en batalla naval, que Curio Dentato el primero que metió elefantes en el triunfo; aunque la noticia de estas cosas no mira a la gloria verdadera, tocan sus ejemplos en materias civiles; no siendo útil su conocimiento, nos deleita con su gustosa vanidad. Perdonemos también a los que inquieren cuál fue el primero que persuadió a los romanos a la navegación. Éste fue Claudio Cándex, llamado así porque los antiguos llamaban *candex* a la trabazón de muchas tablas, y las tablas se llaman *códices*, y los navíos, que según la antigua costumbre portean los bastimentos, se llaman *caudicatas*. Permítase asimismo saber que Valerio Corvino fue el primero que sujetó a Mesina, y el primero que de la familia de los Valerios se llamó Mesana, tomando el nombre de la ciudad rendida, y que mudando el vulgo poco a poco las letras, se vino a llamar *Mesala*. ¿Permitirás, por ventura, el averiguar si fue Lucio Sila el primero que dio en el coso leones sueltos, habiendo sido costumbre hasta entonces darlos atados? ¿Y que el rey Boco envió flecheros que los matasen? Permítase también esto; pero ¿qué fruto tiene el saber que Pompeyo fue el primero que metió en el Coliseo dieciocho elefantes que peleasen en modo de batalla con los hombres delincuentes? El príncipe de la ciudad, y el mejor de los príncipes, como publica la fama, siendo de perfecta bondad, tuvo por fiestas dignas de memoria matar por nuevo modo a hombres. ¿Pelean? Poco es. ¿Se despedazan? Poco es; queden oprimidos con el grave peso de aquellos animales. Harto mejor fuera que semejantes cosas se olvidaran, que no hubiera después algún hombre poderoso que aprendiera y envidiara tan inhumana vanidad.

Capítulo XV

Pero volviendo al punto de que me divertí, mostraré en otra materia la inútil diligencia de algunos. Contaba este mismo sabio que, triunfando Metelo de los cartagineses, vencidos en Sicilia, fue sólo entre los romanos el que llevó delante del carro ciento veinte elefantes cautivos. Que Sila fue el último de los romanos que extendió la ronda de sus muros, no habiendo sido costumbre de los antiguos alargarla cuando se adquiría nuevo campo en la provincia, sino cuando se ganaba en Italia. El saber esto es de más provecho que averiguar si el Monte Aventino está fuera de la ronda, como éste mismo afirmaba, dando dos razones: o porque la plebe se retiró a él, o porque consultando Remo en aquel lugar los agüeros, no halló favorables las aves; diciendo otras innumerables cosas que, o son fingidas; o semejantes a ficciones; porque aunque les concedas escriban estas cosas con buena fe y con riesgo de su crédito, dime: ¿qué culpas se enmendarán con esta doctrina? ¿Qué deseos enfrena? ¿A quién hace más fuerte, más justo y más liberal? Solía decir nuestro Fabiano que dudaba si era mejor no ocuparse en algunos estudios o embarazarse en éstos. Solos aquéllos gozan de quietud que se desocupan para admitir la sabiduría, y sólo ellos son los que viven; porque no sólo aprovechan su tiempo, sino que le añaden todas las edades, haciendo propios suyos todos los años que han pasado; porque si no somos ingratos; es forzoso confesar que aquellos clarísimos inventores de las sagradas ciencias nacieron para nuestro bien y encaminaron nuestra vida: con trabajo ajeno somos adiestrados al conocimiento de cosas grandes, sacadas de las tinieblas a la luz. Ningún siglo nos es prohibido, a todos somos admitidos; y si con la grandeza de ánimo quisiéramos salir de los estrechos límites de la imbecilidad humana, habrá mucho tiempo en que poder espaciarnos. Podremos disputar con Sócrates, dificultar con Carnéades, aquietarnos con Epicuro, vencer con los estoicos la inclinación humana, adelantarla con los cínicos, y andar juntamente con la naturaleza en compañía de todas las edades. ¿Cómo, pues, en este breve y caduco tránsito del tiempo no nos entregamos de todo corazón en aquellas cosas que son inmensas y eternas y se comunican con los mejores? Estos que andan pasando de un oficio en otro, inquietando a sí y a los demás, cuando hayan llegado a lo último de su locura, y cuando hayan visitado cada día los umbrales de todos los ministros, y cuando hayan entrado por todas las puertas que hallaron abiertas, cuando hayan ido por diferentes casas, haciendo sus interesadas visitas a cuantos podrán ver en tan inmensa ciudad, divertida en varios deseos, ¿qué de ellos encontrarán, cuyo sueño, cuya lujuria o cuya descortesía los desechen? ¿Cuántos que después de haberlos atormentado con hacerlos esperar, se les escapen con una fingida prisa? ¡Cuántos que, por no salir por los zaguanes, llenos de sus paniaguados, huirán por las secretas puertas falsas, como si no fuera mayor inhumanidad engañar que despedir! ¡Cuántos soñolientos y pesados con la embriaguez contraída la noche antes con un arrogante bostezo, abriendo apenas los labios, pagarán a los miserables que perdieron su sueño por guardar el ajeno, las salutaciones infinitas veces repetidas! Sólo aquéllos, podemos decir, están detenidos en verdaderas ocupaciones, que se precian tener continuamente por amigos a Zenón, a Pitágoras, a Demócrito, a Aristóteles y Teofrasto, y los demás varones eminentes en las buenas ciencias. Ninguno de éstos estará ocupado, ninguno dejará de enviar más dichoso, y más amador de sí, al que viniere a comunicarlos; ninguno de ellos consentirá que los que comunicaren salgan con las manos vacías. Estos a todas horas, de día y de noche, se dejan comunicar de todos; ninguno de ellos te forzará a la muerte, y todos ellos te enseñaran a morir.

De la vida bienaventurada

Capítulo II

Cuando se trata de la vida bienaventurada, no es justo me respondas lo que de ordinario se dice cuando se vota algún negocio: «Esto siente la mayor parte», pues por esa razón es la peor; porque no están las cosas de los hombres en tan buen estado que agrade a los más lo que es mejor; antes es indicio de ser malo el aprobarlo la turba. Busquemos lo que se hizo bien, y no lo que está más usado, lo que nos coloque en la posesión de eterna felicidad, y no lo que califica el vulgo, errado investigador de la verdad. Y como llamo vulgo no sólo a los que visten ropas vulgares, sino también a los que las traen preciosas; porque yo no miro los colores de que se cubren los cuerpos, ni para juzgar del hombre doy crédito a los ojos; otra luz tengo mejor y más segura con qué discernir lo falso de lo verdadero. Los bienes del ánimo sólo el ánimo los ha de hallar; y si éste estuviere libre para poder respirar y retirarse en sí mismo, ¡oh!, cómo se encontrará con la verdad, y atormentado de sí mismo confesará y dirá: «Quisiera que todo lo que hasta ahora hice estuviera por hacer; porque cuando vuelvo la memoria a todo lo que dije, me río en muchas cosas de ello: todo lo que codicié; lo atribuyo a maldición de mis enemigos. Todo lo que temí, ¡oh dioses buenos! Fue mucho menos riguroso, que lo que yo había pensado. Tuve amistad con muchos, y del aborrecimiento volví a la gracia (si es que la hay entre los malos), y hasta ahora no tengo amistad conmigo. Puse todo mi cuidado en levantarme sobre la muchedumbre haciéndome notable con alguna particular calidad; ¿y qué otra cosa fue esto sino exponerme a las flechas de la envidia y descubrir al odio la parte en que me podría morder?». ¿Ves tú a estos que alaban la elocuencia, que siguen las riquezas, que lisonjean la privanza y ensalzan la potencia? Pues o todos ellos son enemigos, o, juzgándolo con más equidad, lo podrán venir a ser; porque al paso que creciere el número de los que se admiran ha de crecer el de los que envidian.

Capítulo III

Busquemos algo que sea bueno, no en la apariencia, sino sólido y macizo, y en la parte interior hermoso. Alcancémoslo, que no está muy lejos, y con facilidad lo hallarás si atendieres a la parte a que has de extender la mano; porque ahora pasamos por las cosas que nos están cercanas, como los que andan a oscuras, tropezando en lo mismo que buscan. Pero para no llevarte por rodeos dejaré las opiniones de otros, por ser cosa prolija referirlas y refutarlas. Admite la nuestra; y cuando te digo la nuestra, no me ato a la de alguno de los principales estoicos, que también tengo yo libertad para hacer mi juicio. Finalmente, seguiré a alguno de ellos, a otro compeleré a que divida su opinión; y por ventura, después de estar llamado y citado de todos, no reprobaré cosa alguna de lo que nuestros pasados decretaron, ni diré: «Esto siento de más»; y en el ínterin, siguiendo la opinión común de los estoicos, me convengo con la naturaleza, por ser sabiduría el no apartarnos de ella, formándonos por sus leyes y ejemplo. Será, pues, bienaventurada la vida en lo natural que se conformare con su naturaleza, lo cual no se podrá conseguir si primero no está el ánimo sano y con perpetua posesión de salud. Conviene que sea vehemente, fuerte, gallardo, sufridor, y que sepa ajustarse a los tiempos, siendo circunspecto en sí y en todo lo que tocare, pero sin demasía. Ha de ser asimismo diligente en todas las cosas que instruye la vida, usando de los bienes de la fortuna sin causar admiración a otros y sin ser esclavo de ella. Y aunque yo no lo añada, sabes tú que a esto se seguirá una perpetua tranquilidad y libertad, dando de mano a las cosas que nos alteran o atemorizan; porque en lugar de los deleites y las demás cosas que en los mismos vicios son pequeñas, frágiles y dañosas, sucederá una grande alegría incontrastable, una paz acompañada de concordia de ánimo y una grandeza adornada de mansedumbre; porque todo lo que es fiereza se origina de enfermedad.

Capítulo IV

Podrá asimismo definirse nuestro bien de otra manera, comprendiéndose en la misma sentencia, aunque no en las mismas palabras. Al modo que un mismo ejército unas veces se esparce en mayor latitud y otras se estrecha y reduce a más angosto sitio, unas se pone en forma de media luna, otras se muestra en recta y descubierta frente, pero de cualquier manera que se forme, consta de las mismas fuerzas y está con el mismo intento para acudir a la parcialidad que sigue, así la definición del sumo bien puede unas veces extenderse y estrecharse otras; con lo cual vendrá a ser lo mismo decir que el sumo bien es un ánimo que, estando contento con la virtud, desprecia las cosas que penden de la fortuna, o que es una invencible fortaleza de ánimo sabedora de todas las cosas, agradable en las acciones, con humanidad y estimación de los que le tratan. Quiero, pues, que llamemos bienaventurado al hombre que no tiene por mal o por bien sino el tener bueno o malo el ánimo, al que siendo venerador de lo bueno y estando contento con la virtud, no le ensoberbecen ni abaten los bienes de la fortuna, y al que no conoce otro mayor bien que el que se pueda dar a sí mismo, y al que tiene por sumo deleite el desprecio de los deleites. Y si tuvieses gusto de esparcirte más, podrás con entera y libre potestad extender este pensamiento a diferentes haces; porque ¿cuál cosa nos puede impedir el llamar dichoso, libre, levantado, intrépido y firme, al ánimo que está exento de temor y deseos, teniendo por sumo bien a la virtud y por sólo mal a la culpa? Todo lo demás es una vil canalla, que ni quita ni añade a la vida bienaventurada, yendo y viniendo sin causar al sumo bien aumento ni disminución. Forzoso es que al que está tan bien fundado (quiera o no quiera) se le siga una continua alegría y un supremo gozo venido de lo alto, porque vive contento con sus bienes, sin codiciar cosa fuera de sí. ¿Por qué, pues, no ha de poner en balanza esas cosas con los pequeños, frívolos y poco perseverantes movimientos del cuerpo, siendo cierto que el mismo día que se hallare en deleite se hallará en dolores?

Capítulo VII

El deleite cuando está dando más gusto, entonces se acaba, y como tiene poca capacidad, se hincha presto y causa fastidio, marchitándose al primer ímpetu, sin que se pueda tener seguridad de lo que está en continuo movimiento. Y así, no puede tener subsistencia lo que con tanta celeridad viene y pasa para acabarse con el uso, terminándose donde llega y caminando a la declinación cuando comienza.

Capítulo VIII

La naturaleza nos ha de guiar; a ésta obedece la razón y con ella se aconseja, según lo cual es lo mismo vivir bien que vivir conforme a los preceptos de la naturaleza. Yo declararé cómo ha de ser esto; si miramos con recato y sin temor los dones del cuerpo y las cosas ajustadas a la naturaleza, juzgándolos como bienes transitorios y dados para un solo día, y si no entráremos a ser sus esclavos, ni tuvieren posesión de nosotros; si los que son deleitables al cuerpo y los que vienen de paso los pusiéramos en el lugar en que suelen ponerse en los ejércitos los socorros y la caballería ligera. Estos bienes sirvan y no imperen, que con esto serán útiles al ánimo. Sea el varón incorrupto, y sin dejarse vencer de las cosas externas; sea estimador de sí mismo; sea artífice de su vida, disponiéndose a la buena o mala fortuna; no sea su confianza sin sabiduría, y sin constancia persevere en lo que una vez eligiere, sin que haya cosa que se borre en sus determinaciones. También se debe entender, aunque yo no lo diga, que este varón ha de ser compuesto, concertado, magnífico y cortés; ha de tener una verdadera razón asentada en los sentidos, tomando de ella los principios, porque no hay otra cosa en qué estribar, ni donde se tome la carrera para llegar a la verdad y volver sobre sí. Porque también el mundo, que lo comprende todo, y Dios, que es el gobernador del universo, camina y vuelve a las cosas exteriores. Haga nuestro ánimo lo mismo, y cuando, habiendo seguido sus sentidos, hubiere por ellos pasado a las cosas externas, tenga autoridad en ellas y en sí, y (para decirlo de este modo) eche pasiones al sumo bien, que de esta suerte se hará una fortaleza y una potestad concorde, de la cual nacerá una razón fija, no desconfiada, ni dudosa en las opiniones, ni en las doctrinas, ni en la persuasión de sí mismo; y cuando éste se dispone y se ajusta en sí, y, por decirlo en una palabra, cuando hiciere consonancia, habrá llegado a conseguir el sumo bien, porque entonces no le queda cosa mala ni repentina, ni en que encuentre, o con que vacile.

Capítulo XV

Póngase, pues, el sumo bien en lugar donde con ninguna fuerza pueda ser derribado, y donde no tengan entrada el dolor, la esperanza, el temor, ni otra cosa que deteriore su derecho: porque a tan grande altura sola puede subir la virtud, y con sus pasos se ha de vencer esta cuesta: ella es la que estará fuerte, y sufrirá cualesquiera sucesos, no sólo admitiéndolos, sino deseándolos; conociendo que todas las dificultades de los tiempos son ley de la naturaleza, y como buen soldado sufrirá las heridas, contará las cicatrices, y atravesado con las picas, amará muriendo al emperador por cuya causa muere, teniendo en el ánimo aquel antiguo precepto, *Amar a Dios*. Pero el que se queja, llora y gime, y hace forzado lo que se le manda, viene compelido a la obediencia; pues, ¿qué locura es querer más ser arrastrado que seguir con voluntad? Tal, por cierto, como sería ignorancia de tu propio ser, el dolerte y lamentarte de que te sucedió algún caso acerbo; o admirarte igualmente, o indignarte de aquellas cosas que suceden así a los buenos como a los malos, cuales son las enfermedades, las muertes y los demás accidentes que acometen de través a la vida humana. Todo lo que por ley universal se debe sufrir, se ha de recibir con gallardía de ánimo; pues el asentarnos a esta milicia, fue para sufrir todo lo mortal, sin que nos turbe aquello que el evitarlo no pende de nuestra voluntad. En reino nacimos, y el obedecer a Dios es libertad.

Capítulo XVII

Así que si alguno de estos que agavillados ladran a la filosofía me dijere lo que suelen: «¿Por qué hablas con mayor fortaleza de la que vives? ¿Por qué humillas tus palabras al superior? ¿Por qué juzgas por instrumento necesario el dinero? ¿Por qué te alteras con el daño? ¿Por qué lloras con las nuevas de la muerte de tu mujer o tu amigo? ¿Por qué cuidas tanto de tu fama? ¿Por qué te alteran las malas palabras? ¿Por qué tienes jardines con mayor adorno del que pide el natural uso? ¿Por qué no comes con las leyes que das? ¿Por qué tienes tan lucidas alhajas? ¿Para qué bebes vino de más años que los que tú tienes? ¿Por qué labras casas? ¿Por qué plantas arboledas para sólo hacer sombra? ¿Para qué trae tu mujer en sus orejas la hacienda de una casa rica? ¿Por qué das a tus criados tan costosas libreas? ¿Por qué has introducido que en tu casa sea ciencia el servir, haciendo que los aparadores se dispongan, no al acaso, sino con arte? ¿Para qué tienes maestro de trinchar las aves?». Añade si te parece: «¿Para qué tienes hacienda en el otro lado del mar?

¿Para qué posees más de lo que conoces? ¿Por qué eres tan torpe o tan descuidado, que no tienes noticia de tus pocos criados, o vives tan desconcertadamente, que por tener tantos no es suficiente tu memoria para conocerlos?». Yo ayudaré y esforzaré después esos baldones que me das y me haré otros muchos cargos más de los que tú me pones. Pero por ahora te respondo, no como sabio, sino para dar pasto a tu mala voluntad, y no lo yerro: «Lo que de presente me pido a mí no es el ser igual a los mejores, sino el ser mejor que los malos. Me basta el ir cercenando cada día alguna parte de mis vicios, y castigando mis culpas. No he llegado hasta ahora a la salud, ni llegaré tan presto; busco para la gota, ya que no remedio, a lo menos fomentos que la disminuyan, contentándome con que venga menos veces; y que me amenace menos fiero: y así, comparado con la ligereza de vuestros pies; soy débil corredor».

Capítulo XXVII

Ninguno conoce tan bien la dureza del pedernal como al que le hiere. Yo me entrego a vosotros, no de otra manera que un peñasco destituido y solo en bajo mar, que le están continuamente combatiendo las olas por todas partes alteradas, y no por eso le mueven de su puesto, ni con sus continuos acometimientos en tantos siglos le deshacen. Acometed y asaltad con ímpetu, que con sufriros os he de vencer. Todo aquello que se encuentra con las cosas firmes e insuperables, prueba con daño suyo sus fuerzas; y así buscad alguna materia blanda y sujetable en que se claven vuestras flechas. ¿Os halláis por ventura desocupados para inquirir los males ajenos, y hacer censura de cada uno, diciendo: por qué este filósofo tiene tan grande casa, por qué come tan espléndidamente? Miráis los ajenos lobanillos estando vosotros llenos de llagas, como el que estando atormentado de lepra, se ríe de las verrugas y los lunares de los cuerpos hermosos. Objetad a Platón que pidió dineros, a Aristóteles que los recibió, a Demócrito que los despreció, a Epicuro que los gastó; y objetadme a mí las costumbres de Alcibíades y Fedro, que cuando llegareis a imitar nuestros vicios seréis dichosos. Pero mayor inclinación tenéis a los vuestros, que por todas partes os hieren: los unos os cercan por defuera, y otros están ardiendo en vuestras entrañas. No están las cosas humanas en estado (aunque conocéis poco el vuestro) que haya tan sobrado ocio que os dé tiempo para desplegar las lenguas en oprobio de otros.

Capítulo XXVIII

Aunque no intentemos cosa alguna que no sea saludable, con todo eso es conveniente el retirarse cada uno en sí mismo, pues retirados seremos mejores. ¿Por qué, pues, no ha de ser lícito allegarnos a algunos varones buenos, y elegir algún buen ejemplar por donde encaminar nuestra vida? Entonces se podrá conseguir lo que una vez agradó, cuando no interviniere alguno que ayudado del pueblo tuerza la inclinación, que está débil; y entonces podrá continuar la vida, que la desmembramos con diversísimos intentos. Porque entre los demás males, es el pésimo el andar variando de vicios, con los cuales aun nunca nos sucede perseverar en la culpa conocida: un mal nos agrada, y nos fatiga por otro; con lo cual nuestros juicios no sólo son malos, sino mudables. Andamos siempre fluctuando, y asiendo de unas cosas y de otras; dejamos lo que pretendíamos, y pretendemos lo que ya dejamos, andando en continuas mudanzas entre nuestros deseos y nuestro arrepentimiento; y esto nace de que estamos pendientes de ajenos pareceres, y tenemos por bueno aquello a que vemos hay muchos que aspiran y muchos que lo alaban, y no aquello que debiera ser pretendido y alabado; y no juzgamos si el camino que seguimos es bueno o malo, sino por la cantidad de las huellas, sin que en ellas haya alguna de los que vuelven. Me dirás: ¿Qué haces, Séneca?, ¿te apartas de tu profesión? Ciertamente nuestros estoicos dicen: «nosotros hasta el último fin de la vida hemos de trabajar, sin dejar de cuidar del bien común, y de ayudar a todos, y de socorrer aun a los enemigos, y de obrar con nuestras manos. Nosotros somos los que a ninguna edad damos descanso, haciendo lo que dijo el otro varón discretísimo, que cubrimos las canas con el morrión. Nosotros somos los que hasta en la muerte no tenemos descanso: de tal manera que si pudiese ser, aun la misma muerte no será ociosa».

Capítulo XXX

Ojalá se manifestasen todas las cosas, y la verdad estuviese sin velo, y sin que alterásemos algo de sus secretos. Ahora andamos buscándola con los mismos que la enseñan. En esto disienten las dos grandes sectas de los epicúreos y estoicos, aunque la una y la otra encaminan al descanso por diferentes vías, Epicuro afirma que el sabio no se ha de allegar a la República si no es con alguna ocasión forzosa; Zenón dice que se allegue, no habiendo causa precisa que se lo impida. El uno busca el descanso en el intento, y el otro en la causa. Pero la causa tiene mucha latitud, como es cuando la República está tan perdida y tan enviciada en males que no puede ser socorrida; y entonces no ha de porfiar en vano el sabio, ni se ha de consumir en lo que no ha de aprovechar, faltándole autoridad o fuerzas; o si conociere que la república no le ha de admitir, o si se lo impidiere su poca salud; y al modo que no echaría al mar la nave rota, ni se asentaría a la milicia faltándole fuerzas, así tampoco se arrimará a la vida a que no fuere suficiente. Aquel, pues, cuyas cosas están enteras, sin haber experimentado las tormentas, podrá hacer pie en lo firme y seguro, entregándose desde luego a las buenas artes, y procurando aquel dichoso ocio; siendo reverenciador de aquellas virtudes que pueden ser ejercitadas aun de los más retirados. Lo que se pide al hombre es que aproveche a los hombres; si pudiere a muchos, y si no, a pocos; y sí no pudiere a pocos, que sea a sus más cercanos, y si no, a sí mismo: porque cuando se hace útil para los demás, hace el negocio común; y cuando se hace malo, no sólo se daña a sí, sino también a todos aquellos a quienes, siendo bueno, pudiera aprovechar. El que vive bien, con sólo eso es útil para otros, porque los encamina a lo que les ha de ser provechoso.

Capítulo XXXII

Dicen los nuestros que el sabio no se ha de arrimar a cualquier república: ¿pues qué diferencia habrá en que el sabio goce de ocio, por no ser admitido de la república o porque él no la quiere, siendo ordinario faltar a muchos la república, y más continuamente a los que con ansias la buscan? Pregunto: ¿a cuál república se allegará el sabio? ¿Será por ventura a la de los atenienses, en que fue condenado Sócrates, y por no serlo huyó Aristóteles, y donde la envidia oprime las virtudes? Dirás que el sabio no ha de ir a esta república. ¿Irá, pues, a la de los cartagineses, donde es continua la sedición, siendo dañosa la libertad a cualquier varón bueno, donde lo útil es la suma de lo justo, donde hay para los enemigos crueldad inhumana y enemistad con sus mismos naturales? También huirá el sabio de esta república; y si una por una me pongo a contarlas todas, no hallaré alguna que admita a los sabios, ni que los sabios la sufran. Pues si no se halla aquella república que nosotros fingimos, vendrá a ser necesario a todos el ocio, porque en ninguna parte se halla lo que se debe preferir a él[1]. Cuando alguno afirma que es bueno navegar en mar donde hay tormentas y donde las continuas y repentinas tempestades llevan al piloto a contraria parte, pienso que este tal, mientras me alaba la navegación, me prohíbe el desconocer la nave.

DE LA CLEMENCIA

Libro primero

V. Parecerá que se aleja mucho del objeto propuesto mi oración, pero a fe mía que penetra en su fondo, porque si, como acabo de demostrar, tú eres el alma de la República, ella es tu cuerpo, y creo que ves cuán necesaria es la clemencia, pues tú mismo te perdonas cuando perdonas a otros. Luego es necesario perdonar a los ciudadanos, hasta culpables, de la misma manera que lo harías con un miembro enfermo; y si alguna vez es indispensable derramar sangre, contén la mano, por miedo de que la incisión sea demasiado profunda.

VI. Piensa que te encuentras en esta ciudad cuya multitud, que incesantemente pasa por sus anchas calles, se asfixia en cuanto un obstáculo entorpece la carrera de tan rápido torrente; en la que se abre paso a la vez hacia tres teatros; en la que se consume cuando se cultiva en

---

1. «Llama «ocio» a carecer de ocupación mala»

toda la tierra; y ¿en qué soledad se convertiría si solamente quedasen los absueltos por juez severo? ¿Qué magistrado interrogador no sería reprensible ante la ley misma a cuyo nombre interroga? ¿Qué acusador hay exento de falta? Y no sé si se encuentra alguno más reacio para otorgar perdón que aquel que con más frecuencia necesita implorarlo. Todos hemos pecado: Unos gravemente, otros con menos gravedad; unos con deliberado propósito, otros por impulso casual o arrastrados por ajena maldad; algunos no han sabido persistir enérgicamente en las buenas resoluciones, y pierden la inocencia a su pesar y resistiendo. No solamente delinquimos, sino que continuaremos faltando hasta el fin de nuestra vida; y aunque existiese alguno que de tal manera hubiese purificado su ánimo que nada pudiese ya turbarle ni extraviarle, no ha llegado, sin embargo, a la inocencia sino pecando.

XVII. Ningún animal más arisco que el hombre; ninguno para cuya dirección se necesite mayor arte; ninguno que haya menester mayor indulgencia. ¿Qué hay, en verdad, más insensato que avergonzarse de mostrar indignación contra jumentos y perros y hacer que la condición peor sea la del hombre sometido al hombre? Curamos las enfermedades sin irritarnos contra ellas; ahora bien, el vicio es una enfermedad del alma que exige suave tratamiento y médico cariñoso con el enfermo. De mal médico es desesperar para no curar. Lo mismo debe hacer, en cuanto a la curación de las enfermedades del alma, aquel a quien está encomendada la salud de todos, no desvaneciendo toda esperanza ni declarando mortales los síntomas. Que luche contra los vicios, que resista, que afee a los unos su enfermedad, que engañe a los otros con tratamiento suave y cúrelos más pronto y con mayor seguridad con medicamentos disfrazados.

XXIII. Verás, por otra parte, que los delitos que se cometen con más frecuencia son aquellos que más frecuentemente se castigan. Tu padre, en cinco años, hizo coser en el saco más parricidas que se habían cosido en todos los siglos anteriores: los hijos no se mostraron tan atrevidos para cometer el último de los crímenes mientras no existió ley contra esta maldad. Por altísima prudencia y conocimiento profundo de la naturaleza de las cosas, sapientísimos varones prefirieron pasar en silencio este delito, como crimen imposible y superior a los límites de la audacia, a mostrar, castigándolo, que era posible cometerlo. Así es que los parricidas comenzaron con la ley, y el castigo enseñó el delito, y el amor filial quedó muy mal parado en cuanto vimos más sacos que cruces. En la ciudad en que se castiga rara vez, se establece un contrato de inocencia, cultivándose esta virtud como una propiedad pública. Júzguese inocente una ciudad, y lo será; más indignación causan los que se separan de la probidad común, cuando son en corto número. Es peligroso, créeme, demostrar a una ciudad en cuánta mayoría están los malvados.

XXIV. Un edicto del Senado dispuso en otro tiempo que un traje particular distinguiría a los esclavos de los hombres libres, y muy pronto se comprendió el peligro que nos amenazaba si nuestros esclavos comenzaban a contarnos. Ten presente que lo mismo puede temerse si no se perdona a nadie, porque enseguida se verá cuánto mayor es la parte mala de la ciudad. No es menos deshonrosa para el príncipe la multitud de suplicios, que la multitud de funerales para el médico. Al que manda con dulzura se le obedece con mejor voluntad. El espíritu humano es naturalmente rebelde, y luchando contra los obstáculos y la contradicción, mejor sigue que se deja llevar. De la misma manera que se rige mejor al corcel noble y generoso cuando el freno es suave, así la inocencia marcha por impulso voluntario y espontáneo en pos de la clemencia, contemplándola la ciudad como tesoro digno de ser conservado: por este camino se obtiene indudablemente más. La crueldad es vicio que nada tiene de humano, y es indigna de la dulzura de nuestra naturaleza. Rabia de fiera es complacerse en la sangre y las heridas, y abdicar el hombre para convertirse en animal silvestre.

XXVI. Lanzar la antorcha incendiaria sobre las casas y pasar su arado sobre ciudades antiguas, a esto llama el tirano poder: ordenar la muerte de uno o de dos le parece poco real, y si multitud de desgraciados no tiende el cuello a la vez, cree que se cohíbe su crueldad. La verdadera felicidad consiste en asegurar la suerte de muchos, traerles de la muerte a la vida, y merecer, por la clemencia, la corona cívica. No existe ornamento más digno de la majestad de un príncipe que la corona que se concede por haber salvado ciudadanos; siéndoles inferiores las armas arrebatadas a enemigos vencidos, los carros teñidos con la sangre de los bárbaros, y los despojos conquistados en la guerra. Salvar pueblos enteros, es poder divino; hacer morir a muchos y hasta al azar, es el poder del incendio y del estrago.

Libro Segundo

IV. Para huir de cavilaciones, podemos definir la crueldad, inclinación del alma hacia el rigor. Esto es, lo que rechaza lejos de sí la clemencia: porque es cosa cierta que puede estar de acuerdo con la severidad. Pertinente es a nuestro asunto examinar aquí qué sea la misericordia. Muchos hay que la consideran como virtud; y llaman bueno al varón misericordioso; y sin embargo, es vicio del ánimo. La crueldad y la misericordia están muy cerca, una de la severidad; otra de la clemencia: debemos, pues, evitarlas por temor de que, bajo apariencia de severidad, caigamos en la crueldad; y bajo apariencia de clemencia, en la misericordia. En este último caso es menos peligroso el error, pero siempre hay error en separarse de la verdad.

V. Así como la religión honra a los dioses y la superstición les ofende, así también los varones buenos ejercerán clemencia y mansedumbre y evitarán la misericordia. Ésta es el vicio del ánimo débil que sucumbe ante los males ajenos, por cuya razón es tan familiar hasta entre los malvados. Se ven ancianas que se conmueven hasta llorar por los mayores culpables, y, si pudiesen, derribarían la puerta de su prisión. La misericordia no considera la causa, sino solamente el infortunio; la clemencia va unida a la razón. Bien sé que los indoctos consideran mal a la escuela de los estoicos, como demasiado dura, como incapaz de dar buenos consejos a los príncipes y reyes. Le censuran que niega al sabio el derecho de compadecer y el de perdonar. La doctrina expuesta de esta manera sería repugnante; porque parecería que no dejaba esperanza a los errores humanos y entregaría a los castigos todos los delitos. Siendo esto así, ¿a qué esta filosofía que mandaría olvidar los deberes de humanidad, y que, prohibiéndonos el auxilio recíproco, nos cerraría el puerto más seguro contra la adversidad? Pero ninguna escuela es más benévola y dulce; ninguna más amiga de los hombres, más cuidadosa del bien general; porque enseña no solamente a ser caritativo, a ser útil a sí mismo, sino también a vigilar los intereses de todos y de cada uno. La misericordia es dolor del ánimo ocasionado por la presencia de las miserias de otro; o bien tristeza ocasionada por los males ajenos, que imagina no ser merecidos. Ahora bien: el dolor no alcanza al sabio: su mente está despejada siempre, sin que pueda oscurecerla ningún acontecimiento. Nada le conviene mejor que ánimo fuerte, y no puede ser fuerte su ánimo si el temor y la aflicción le blandean, le oscurecen y oprimen. Nada de esto acontecerá al sabio, ni siquiera en sus propias desgracias, sino que rechazará y verá romperse a sus pies todos los reveses de la fortuna. Constantemente conservará el mismo rostro sereno e impasible, lo cual no podría conseguir si se dejase dominar por la tristeza. Añade que el sabio es previsor y tiene vigilante siempre la razón, y nunca lo que es trasparente y puro procede de lo removido y turbado. Ahora bien: la tristeza es inhábil para distinguir los objetos, calcular lo útil, evitar los peligros y apreciar lo justo. Así pues, no compadecerá las miserias ajenas, porque necesitaría para ello hacer miserable su mente; en cuanto a las demás cosas que suelen hacer los misericordiosos, las hará de buena voluntad, pero con distinto ánimo.

VI. Enjugará las lágrimas ajenas, pero sin llorar; ofrecerá su mano al náufrago, hospitalidad al desterrado, limosna al indigente; no esa limosna humillante que la mayor parte de los que quieren pasar por caritativos arrojan con desdén al desgraciado a quien socorren, y cuyo contacto les repugna, sino que dará como hombre a hombre del patrimonio común. Devolverá el hijo a las lágrimas de la madre, romperá las cadenas del esclavo, sacará de la arena al gladiador, y hasta enterrará el cadáver del criminal. Mas hará todo esto con tranquilidad de espíritu e inalterable semblante. Así pues, el sabio nunca será misericordioso, pero será caritativo, será útil a los demás; porque ha nacido para servir de apoyo a todos, para contribuir al bien público, del que a cada cual ofrece una parte: su bondad alcanza hasta a los malvados, que, cuando hay ocasión, reprende y corrige. Pero en cuanto a los afligidos y a los que sufren con constancia, les auxiliará con mucha mejor voluntad. Cuantas veces pueda se interpondrá entre ellos y la fortuna; ¿qué mejor uso podrá hacer de sus riquezas y fuerzas que restableciendo lo que la fortuna ha destruido? Su rostro y su espíritu no se abatirán al ver la extenuación y harapos del mendigo, ni su ancianidad, que necesita el apoyo del bastón; pero socorrerá a cuantos lo merezcan y, de la misma manera que los dioses, dirigirá favorable mirada a su infortunio. La misericordia es vecina de la miseria, de la que tiene y toma algo. Se nota que los ojos son débiles cuando lloran al ver llorar; de la misma manera es señal de enfermedad y no de alegría reír siempre que se ve reír, como abrir la boca siempre que otro bosteza. La misericordia es enfermedad de almas demasiado sensibles a la miseria: exigirla del sabio es casi exigirle lamentaciones y gemidos en los funerales de un extraño.

VII. Diré por qué no perdona. Establezcamos primeramente qué es el perdón, para convencernos de que el sabio no puede concederlo. Perdón es remisión del castigo merecido. ¿Por qué no debe concederlo el sabio? Ampliamente desarrolladas se encuentran las razones en los que han tratado de esto. Por mi parte, lo diré con brevedad, como refiriendo opinión ajena. Se perdona al que debería ser castigado: ahora bien, el sabio no hace nada de lo que no deba hacer, ni omite nada de lo que debe realizar: así pues, no remite la pena que debe imponer, pero lo que quiere obtenerse por el perdón lo concede por cambio mucho más honroso; porque el sabio tolera, aconseja y corrige. Hace lo mismo que si perdonara y no perdona, perdonar es confesar que se omite algo que debería hacerse. Reprenderá a uno, pero no le castigará, atendiendo a su edad, que le permite enmendarse; a otro, a quien su crimen expone al odio público, asegurará la salvación, porque delinquió seducido o embriagado. Despedirá a los enemigos con la vida salva, algunas veces con elogios, si empuñaron las armas por honroso motivo, por la fe jurada, por alianza por la libertad. Estas cosas no serán obras de perdón, sino de clemencia. La clemencia tiene libre albedrío: no juzga por fórmulas, sino por el bien y la equidad. Permitido le está absolver y tasar los castigos en el precio que le conviene. Al obrar de esta manera no pretende anular la justicia, sino que sus sentencias se ciñan a lo más justo. Ahora bien, perdonar es no castigar lo que se juzga perdonable. Perdón es remisión del castigo debido: el primer efecto de la clemencia es declarar que los indultados no debían padecer otra pena. Es, por consiguiente, más completa y honrosa que el perdón. En mi opinión, ésta es controversia de palabras; pero se está de acuerdo en cuanto al asunto. El sabio remitirá gran número de castigos; conservará considerable número de hombres de mente enferma, pero que pueden sanar. Imitará al diestro agricultor, que no cultiva solamente los árboles rectos y elevados, sino que aplica puntales para enderezar aquellos que una causa cualquiera ha torcido. Poda los unos, para que las ramas no detengan su crecimiento; abona a los débiles que languidecen en suelo empobrecido, y a aquellos que están cubiertos por extraña sombra, les abre el cielo. Siguiendo estos ejemplos, el sabio perfecto examinará de qué manera debe tratarse cada espíritu para atraer al bien a los que se han pervertido.

DE LOS SIETE BENEFICIOS

Libro Segundo

Capítulo VI

En cualquier negocio, ¡oh, amigo Liberal!, no es pequeña parte el modo con que se hace o se dice. La presteza en el dar hace que lo que se da parezca mucho y, al contrario, la detención lo disminuye. Al modo que en las flechas, siendo una misma la fuerza del hierro, es mucha la diferencia de dispararse con brazo gallardo o en salir de mano flaca o débil; y al modo que una misma espada unas veces hace pequeñas heridas y otras penetra hasta lo interior, conociéndose que el golpe viene de brazo fuerte; lo mismo sucede en lo que se da, en que viene a ser de importancia el modo. ¡Qué dulce y qué precioso es el don de que aun no se consiente el dar gracias, y aquel de que se olvida el que le da, aun cuando le está

El pensamiento vivo de Séneca

dando! Porque el reprender al que se da y mezclar contumelias en las buenas obras es locura; y así no conviene exasperar los beneficios ingiriendo en ellos cosa triste, y aun en caso de que haya algo que convenga amonestarle, será bien se reserve para otra ocasión.

Capítulo IX

Tengo deseo de dar voces como las dio aquel que, habiendo sido librado por un amigo de César en la crueldad y confiscación triunviral, no pudiendo sufrir su soberbia le dijo: «Vuelve a entregarme a César; ¿hasta cuándo me has de decir: yo te libré de la muerte? El acordarme yo por mi voluntad es vida; el hacerlo por la tuya es muerte. Nada te debo si el librarme fue para tener a quien señalar con el dedo; ¿hasta cuándo me has de traer en todas las conversaciones?, ¿hasta cuándo me has de impedir que me olvide de mi fortuna, pues que sólo una vez hubiera sido el llevarme al suplicio?».

Capítulo XIX

Queriendo uno matar a un tirano, le abrió con la espada una hinchazón que tenía; y no le dio gracias el tirano de que, queriendo matarle, le curó la enfermedad, a que no se atrevían las manos de los cirujanos. ¿No miras que la mayor importancia no consiste en la misma cosa? Porque el que teniendo mal ánimo causó provecho, no hizo beneficio; que esto le dio el suceso, habiendo hecho la injuria el hombre. En el anfiteatro vimos un león que, habiendo reconocido a un hombre de los echados a las bestias, el cual en otro tiempo había sido su maestro, le defendió de las demás fieras: ¿será por ventura beneficio el haberle socorrido? No por cierto, porque ni el león tuvo voluntad ni lo hizo con ánimo de hacerle beneficio. Pon tú al tirano en el lugar que yo puse a la fiera: que si éste te dio la vida, también el león la dio al otro; pero ni éste ni aquél dieron beneficio, porque no lo es el forzar a recibir, ni se tiene por buena obra el compeler a que deba al que no tiene gusto de ser deudor. Ante todas las cosas conviene que me dejes en mi albedrío, después me podrás hacer el beneficio.

Libro Tercero

Capítulo IV

En esta parte nos hemos de conformar con Epicuro, el cual se lamenta continuamente de que somos ingratos a las cosas pasadas; y la causa es, porque nunca reducimos a la memoria los bienes que hemos recibido, ni los computamos entre los deleites, siendo evidente que ningún gusto es más cierto que aquel que ya no se nos puede quitar. Los bienes presentes aún no están en lugar seguro, porque los podrá interrumpir algún accidente. Los futuros están pendientes de la incertidumbre; mas los pasados están ya puestos y asentados entre las cosas seguras. ¿Cómo, pues, será agradecido a los beneficios aquel que va siempre anticipando la vida? Lo que hace agradecido es la vista de lo presente y la memoria de lo pasado. El que da mucho a la esperanza da poco a la memoria.

Libro Quinto

Capítulo XVII

Lo cierto y averiguado es que ninguno muere sin dar quejas, y ninguno hay que no se disponga a decir en el último día:

Viví y pasé la carrera que la fortuna me dio.

¿Quién hay que salga de la vida sin rehusarlo?, ¿quién sin gemir? Esto, pues, es el ser ingratos; porque no se contentan con el tiempo que les fue señalado. Si te pones a contar los días, te parecerán pocos. Considera que el sumo bien no consiste en el tiempo; séase el que se fuere, da gracias por él. No consiste la felicidad en que se te dilate el día de la muerte; porque aunque la dilación hace que la vida sea más larga, no hace que sea más dichosa. ¿Cuánto más acertado será, mostrándote agradecido a los entretenimientos de que has gozado, no contar los años de los otros, sino haciendo agradable estimación de los tuyos, ponerlos entre las ganancias, diciendo: «Dios me juzgó digno del tiempo que me dio, y esto me basta, y aunque pudo darme más, el que me dio fue beneficio suyo, no mérito mío»? Seamos, pues, agradecidos a los dioses, seamos agradecidos a los hombres, seamos agradecidos a los que nos socorren con alguna cosa, y asimismo lo seamos con los que dieren algo a los nuestros.

Libro Séptimo

Capítulo XXVII

¿Entre inquietísimos afectos buscas fe, siendo ella una cosa muy quieta? Si te representases una imagen verdadera de nuestra vida, te parecería que ves el estado de una gran ciudad ganada al enemigo, en la cual, puesto aparte el miedo de la vergüenza y el temor de la justicia, no hay otro consejo que el de las armas; y como si se hubiera echado bando de que se trastornaran todas las cosas, no se abstiene del fuego y del hierro, porque las maldades están sueltas de las leyes, y ni aun la religión, que suele amparar a los rendidos entre las armas enemigas, es bastante a reprimir y detener a los que se aceleran a la presa. Éste roba la hacienda del particular, aquél la pública; éste saquea las cosas profanas, aquél las sagradas; éste rompe las paredes, aquél salta por ellas; y otro no contentándose de angosto camino, tala todo aquello que le impide, teniendo por ganancia propia la ajena ruina. Este roba sin matar, aquél lleva los despojos en las manos sangrientas, y ninguno deja de llevar algo que sea de otro. ¿En medio de tan desordenada codicia del género humano estás tan olvidado de la común fortuna? ¡Qué! ¿Buscas entre los robadores alguno que recompense? Si te indignas de que haya ingratos, indígnate de que hay sensuales, de que hay avarientos, de que hay deshonestos; indígnate asimismo de que hay enfermos, de que hay feos y de que hay viejos pálidos. El vicio de la ingratitud es grave, es intolerable; y finalmente, es tal que aparta y separa los hombres, rompiendo y deshaciendo la concordia sobre que estriba y se sustenta nuestra imbecilidad. Pero tras eso es tan vulgar y común que no se escapan de él los mismos que le condenan.

Cuestiones naturales

Libro Primero

Prefacio

¿Qué es Dios? El alma del universo. ¿Qué es Dios? Todo lo que ves y todo que no ves. Si se le concede al fin toda su grandeza, que es mucho mayor de cuanto puede imaginarse, si él solo es todo, toda su obra está llena de él tanto en el interior como en el exterior. ¿Qué diferencia existe, pues, entre la naturaleza de Dios y la nuestra? Que nuestra parte mejor es el alma, y en Dios, nada hay que no sea alma. Dios todo es razón, y en los mortales, por el contrario, tal es su ceguedad, que a sus ojos este universo tan bello, tan regular y constante en sus leyes, solamente es obra y juguete del acaso, que rueda entre los fragores del trueno, nubes, tempestades y demás azotes que agitan la tierra y lo inmediato a la tierra.

Libro Segundo

LIX. Cuando investigamos los secretos de la naturaleza, cuando tratamos de las cosas divinas, atendemos a nuestra alma para libertarla de sus debilidades, y por consiguiente fortalecerla: así sucede también con los sabios cuyo único objeto es el estudio, y no para evitar los reveses de la fortuna, porque sus dardos vuelan por todas partes, sino para soportarlos con valor y resignación. Podemos ser invencibles, pero no inatacables, y sin embargo, algunas veces abrigo la esperanza de que podríamos serlo. ¿Preguntas cómo? Desprecia la muerte y despreciarás a la vez todo lo que lleva a la muerte; guerras, naufragios, mordedura de fieras, derrumbamiento de edificios. ¿Pueden hacer algo más estas cosas que separar el alma del cuerpo? Esta separación ningún cuidado la evita, ninguna felicidad la aplaca, ningún poder la imposibilita. Todo lo reparte desigualmente la fortuna, pero la muerte nos llama a todos y es igual para todos. Séannos propicios o adversos los dioses, es necesario morir: saquemos valor de nuestra propia desesperación. Los animales más cobardes, que la naturaleza ha criado para la fuga, cuando se les cierra toda salida, intentan el combate a pesar de su debilidad. No hay enemigo más terrible que el que debe su audacia a la imposibilidad de escapar: la imposibilidad provoca siempre esfuerzos más irresistibles que el valor. El hombre valeroso que lo ve todo perdido, se excede a sí mismo, o por lo menos permanece igual. Pensemos que, en cuanto a la muerte, todos estamos vencidos, y lo estamos. Así es, oh Lucilio. Todo ese pueblo que ves, cuantos hombres imaginas viviendo sobre la tierra, serán llamados muy pronto por la naturaleza y empujados a la tumba: seguros estamos de esto; lo único inseguro es el día, pero tarde o temprano hemos de llegar al mismo término. Ahora bien, ¿no te parecerá suprema cobardía y demencia solicitar con tanta instancia un instante de aplazamiento? ¿No despreciarías al hombre que, en medio de gentes condenadas a muerte como él, pidiese como gracia presentar el último la cerviz? Pues esto hacemos todos; consideramos como gran ventaja morir tarde. Contra todos está decretada la pena capital, y decretada con equidad suma. Porque, y éste es el principal consuelo del que va a sufrir la sentencia fatal, aquellos cuya causa es igual, tienen la misma suerte. Entregados al verdugo por el juez o el magistrado, le seguiremos sin resistencia y presentaremos la cabeza; si vamos a la muerte, ¿qué importa que sea de grado o por fuerza? ¡Oh demente, cuánto olvidas tu fragilidad si sólo temes a la muerte cuando truena!

¿Consiste en eso tu seguridad? ¿Vivirás si evitas el rayo? Te atacarán el hierro, o la piedra o la fiebre. No es el rayo el peligro mayor, sino el que aturde más; ¡Sin duda serás tratado inicuamente si la infinita celeridad de tu muerte te roba el sentimiento, si tu fallecimiento es expiado, si hasta muriendo no eres inútil al mundo, si llegas a ser para él señal de algún acontecimiento grande! ¡Mal sin duda te tratarán si te sepultan con el rayo! Pero tiemblas al fragor del cielo, una nube vana te estremece, y espiras siempre que brilla un relámpago; ¡Cómo! ¿Te parece mejor morir de miedo que bajo un rayo? Levántate con intrepidez cuando te amenacen los cielos, y aunque hubiese de abrasarse el mundo por todas partes, piensa que nada tienes que perder de su inmensa mole. Y si piensas que contra ti se dispone ese trastorno del aire, esa lucha de tempestades; si por causa tuya se amontonan las nubes, chocan y resuenan; si para que perezcas brillan tan poderosos fuegos, acepta al menos como consuelo la idea de que tu muerte merece todo ese aparato. Pero no tendrás espacio para pensar; estos trastornos sobrecogen. Entre sus otras ventajas, el rayo tiene la de adelantarse a tu expectación. Nadie temió jamás al rayo sino el que escapó de él.

Libro Sexto

II. ¿Qué hago? Había prometido tranquilizar, y señalo por todas partes motivo de temor. Niego que exista quietud eterna, y aseguro que todo puede perecer y dar la muerte. Pues bien, en esto mismo encuentro motivo de tranquilidad, y motivo muy poderoso; porque en último caso, cuando un mal es inevitable, temerle es locura. La razón cura los terrores del prudente; los demás deben a la desesperación su mayor seguridad. Considera que se ha dicho para el género humano lo que se dijo a aquellos que, cogidos de pronto entre el incendio y el enemigo, quedaron estupefactos:

Una salus victis, nullam sperare salutem[2]

Si quieres no temer nada, piensa en que todo debes temerlo: mira en derredor, y verás qué poco se necesita para destruirnos.

El mayor consuelo de la muerte consiste en la necesidad misma de morir, y nada nos robustece tanto contra los peligros que nos amenazan por fuera como la idea de los numerosísimos que se albergan en nuestro propio seno. ¿Qué mayor demencia que desfallecer al fragor del trueno, y arrastrarse bajo tierra por temor al rayo? ¿Qué hay más necio que temer la conmoción y caída repentina de las montañas, las irrupciones del mar empujado fuera de sus límites, cuando la muerte está presente en todas partes y por todas ellas amenaza, no habiendo nada tan exiguo que no baste para la destrucción del género humano? Lejos de consternarnos por estos trastornos, lejos de creerlos más terribles que la muerte ordina-

---

2. La salud de los vencidos consiste en no esperar ninguna.

ria, todo lo contrario, puesto que es necesario salir de la vida y exhalar alguna vez el espíritu, afanémonos por perecer en una gran catástrofe. Necesario es morir en tal o cual paraje, más pronto o más tarde. Aunque esta tierra permanezca firme, aunque nada pierda de sus límites, aunque ningún cataclismo la trastorne, no dejará de estar sobre mí algún día. ¿Qué importa, pues, que la arrojen o que ella se arroje por sí misma? Que rasgados por no sé qué fuerza poderosa se abran sus costados y me precipiten en inmensos abismos, ¿qué importa? ¿Es más suave la muerte en la superficie? ¿Puedo quejarme si la naturaleza no quiere que descanse en paraje ignorado, si me sepulta en una parte suya? Egregiamente dice nuestro Virgilio en aquel verso:

Si cadendum est, mihi, coelo cecidisse velim[3]

Nosotros podemos decir lo mismo. Si es necesario caer, caigamos cuando el orbe se quebranta; no porque deban desearse los desastres públicos, sino porque es motivo grande para resignarse a la muerte, ver que la naturaleza misma es mortal.

XXXII. Poca cosa es la vida del hombre, pero es mucho saber despreciarla. El que desprecia la vida verá sin temor los mares enfurecidos cuando les combatan todos los vientos, cuando un flujo extraordinario, producido

3. Si hay que caer, yo quiero caer del cielo.

por alguna perturbación del mundo, hiciese de toda la tierra un océano. Verá tranquilo el horrible espectáculo de un cielo lanzando rayos, y cuya bóveda cuarteada destruyese bajo sus fuegos toda la raza humana. Tranquilo verá hendirse el suelo, rota la trabazón de la tierra. Y aunque se descubriese ante sus ojos el imperio mismo de los infiernos, en el borde del abismo permanecerá tranquilo y erguido; tal vez, puesto que al fin ha de caer, se precipitará. ¿Qué me importa la grandeza de aquello que me mata? La muerte misma no es grande. Si, pues, queremos vivir dichosos y no estar sujetos ni al temor de los dioses, ni al de los hombres, ni al de las cosas, y mirar con desprecio las vanas promesas de la fortuna, así como sus risibles amenazas; si queremos pasar días tranquilos y disputar su felicidad a los mismos dioses, mantengamos siempre nuestra alma dispuesta a partir. Si se nos arman asechanzas, si enfermedades, si espadas enemigas; si el fragor de un barrio entero que se derrumba, si la ruina de la tierra o un diluvio de fuego abrasan ciudades y campos en igual destrucción; si algún azote de éstos pide nuestra vida, que la tome. ¿Qué otra cosa debo hacer que exhortar a mi alma al marchar, despedirla con buenos deseos: ve con valor; ve con felicidad, no vaciles en pagar tu deuda? Sobre el hecho no hay duda; existe solamente en cuanto al momento. Haces lo que habrás de hacer tarde o temprano. Nada de súplicas, nada de temor; no retrocedas como si salieses al encuentro de una desgracia. La naturaleza, de quien eres hija, te llama a patria mejor y más segura. Allí no hay suelo que tiemble;

no hay vientos que hagan resonar las nubes con ruidosas luchas; no hay incendios que devoren ciudades y regiones enteras; no hay naufragios que sepulten una flota completa; no hay ejércitos que, siguiendo contrarias enseñas, millares de hombres se encarnicen con furia igual en su mutua destrucción; no hay pestes que amontonen sobre una hoguera común pueblos mezclados expirantes. La muerte es poca cosa, ¿qué tememos? Si es un mal grande, preferible es que nos hiera una vez a que se cierna constantemente sobre nuestra cabeza. ¿Temeré perecer cuando la tierra misma perece antes que yo; cuando lo que hace temblar tantas cosas, tiembla también y no causa daño sino con daño propio? El mar sepultó completamente a Hélice y Bura, ¿temeré yo por este miserable cuerpo? Las naves pasan sobre dos ciudades, dos ciudades que conocemos, cuyo recuerdo ha conservado y nos ha transmitido la historia. ¡Cuántas otras estarán sumergidas en otros puntos! ¡Cuántos pueblos sobre los que se han cerrado la tierra, o el mar! ¿Y no querré yo tener fin, cuando sé que he de tenerlo, qué digo, cuando sé que todo ha de tenerlo? ¿Temeré al último suspiro? Fortalécete cuanto puedas, oh Lucilio, contra el miedo a la muerte, temor que nos empequeñece, que para conservar la vida la perturba y agita; temor que nos exagera los peligros de los terremotos, y del rayo. Con firmeza arrostrarás todos esos peligros, si consideras que es nula la diferencia entre la vida más corta y la más larga. Solamente perdemos algunas horas. Admitamos que sean días, que sean meses, que sean años; solamente perdemos lo que era indispensable perder. ¿Qué importa, yo pregunto, que llegue o no a este tiempo? El tiempo huye, y a pesar de toda nuestra avidez por retenerle escapa. No me pertenece el porvenir ni el pasado. Estoy suspendido en un punto móvil del tiempo fugitivo; y mucho es ya estarlo un poco. Cuán ingeniosa es la respuesta de Lelio al que le decía: «Tengo sesenta años». «¿Hablas de sesenta años que ya no tienes?», le contestó el sabio. No comprendemos que la vida es fugaz, que el tiempo no es nuestro; no lo comprendemos cuando solamente contamos los años perdidos ya. Grabemos en el ánimo y no cesemos de repetir esta advertencia: es necesario morir. ¿Cuándo? Poco importa. La muerte es la ley de la naturaleza, el tributo y el deber de los mortales, el remedio, en fin, de todos los males. Todo el que la teme, la deseará algún día. Abandónalo todo, oh Lucilio, y procura solamente no temer el nombre de la muerte: háztela familiar a fuerza de pensar en ella, de manera que, si fuese necesario, puedas salir a su encuentro.

Cartas a Lucilio

Epístola I

De tal manera debes obrar, querido Lucilio, que seas dueño de ti mismo, y recoge y conserva el tiempo que acostumbran arrebatarte, sustraerte, o que dejas perder. Persuádete de que te escribo cosas ciertas: nos arrebatan parte del tiempo, nos la sustraen o la dejamos perder. La peor de todas estas pérdidas es la que ocurre por negligencia propia; y, si atentamente lo consideras, verás que se emplea considerable parte de la vida en obrar mal, mayor aún en no hacer nada, y toda en hacer lo contrario de lo que se debía. ¿Quién me presentarás que dé su verdadero valor al tiempo?, ¿que aprecie el día?, ¿que comprenda que diariamente se acerca a la muerte? Nos engañamos al considerar que la muerte está lejos de nosotros, cuando su mayor parte ha pasado ya, porque todo el tiempo transcurrido pertenece a la muerte. Haz, pues, querido Lucilio, lo que me escribes que haces; emplea bien todas las horas, y menos necesitarás del porvenir, cuanto mejor trabajes en el presente. Mientras nos detenemos, transcurre el tiempo. Todas las cosas nos son ajenas, querido Lucilio; solamente es nuestro el tiempo. De esta única cosa nos puso en posesión la naturaleza, pero es tan ligera y resbaladiza que nos la puede quitar cualquiera; y tal es la necedad de los hombres, que agradecen las bagatelas que se les conceden y por nada cuentan el tiempo que se les ha dado y que, sin embargo, tan grande cosa es que ni el más generoso podría pagar jamás.

Epístola IV

Recuerdas, sin duda, el gozo que experimentaste cuando, abandonada la pretexta, vestiste la toga viril y te presentaron en el Foro; pues gozo mucho mayor te prome-

El pensamiento vivo de Séneca

to cuando, desechada la debilidad de los niños, la filosofía te dé la fuerza de los hombres.

Muchos fluctúan miserablemente entre el temor de la muerte y los disgustos de la vida; no quieren vivir y no saben morir. Regocija tu vida desechando el temor de que has de perderla. Ningún bien aprovecha a quien lo posee, si no está decidido a perderlo cuando sea necesario.

Tal vez si caes en manos de los enemigos, el vencedor te mandará a la muerte. Pues a ella vas. ¿Por qué te engañas a ti mismo fingiendo no haber comprendido hasta el presente lo que estás haciendo tanto tiempo ya? Porque te aseguro que marchas a la muerte desde el día en que naciste. Necesario es, pues, alimentar nuestro espíritu con otras consideraciones, si queremos llegar plácidamente a esa última hora cuyo miedo perturba todas las demás.

Epístola V

Para compartir contigo lo que he aprovechado hoy, te diré que he encontrado en nuestro Hecatón que el fin de los deseos sirve de remedio al temor. «Cesarás de temer, dice, si cesas de esperar.» Me dirás: –¿Cómo pueden reunirse cosas tan diversas? –. Ya lo ves, querido Lucilio; aunque parecen separadas, se encuentran reunidas. Así como la misma cadena reúne al cautivo y al soldado que lo guarda, así dos cosas que parecen tan diferentes caminan a la par. El temor sigue a la esperanza. No me admira, porque uno y otra proceden de un espíritu que está en suspenso y aguardando un acontecimiento inseguro. La causa principal de esto consiste en que no fijamos nuestros pensamientos en las cosas que están presentes, sino que los extendemos a las que aún están alejadas. De esta manera la previsión, que es beneficio de la condición humana, se torna en perjuicio. Las bestias huyen del peligro que tienen a la vista; cuando lo han evitado, quedan en reposo; pero a nosotros nos atormenta lo futuro y lo pasado. Muchas de nuestras buenas cualidades nos perjudican; la memoria nos reproduce el tormento del temor, y la previsión lo anticipa. Nadie se aflige solamente por el mal presente.

Epístola VI

Comunícame, dirás, esos medios tan eficaces que has encontrado. Todo quiero transmitírtelo, porque no gozo en aprender algo sino para enseñarlo a los demás; y nada me satisfará nunca, por grande y provechoso que sea, si no puedo saberlo más que para mí. Si se me ofreciese la sabiduría a condición de tenerla oculta y no comunicarla a nadie, la rechazaría. La posesión del bien no regocija si no se tiene compañero. Te enviaré, pues, los libros de que he obtenido estos medios y les pondré notas para que no pierdas el tiempo en buscar lo que contienen de bueno y puedas ver inmediatamente los pasajes que apruebo y admiro. Más te aprovecharía sin duda la viva voz y conversación que la lectura. Necesario es tener las cosas ante los ojos; primeramente porque los hombres suelen dar más crédito a la vista que al oído, y además porque el camino es más corto y eficaz por los ejemplos que por los preceptos. Cleanto no hubiese comprendido bien a Zenón si solamente le hubiera escuchado. Vivió con él, penetró en sus secretos y observó si vivía según sus máximas. Platón, Aristóteles y todos los filósofos que se dividieron en diferentes escuelas, aprendieron más de las costumbres que de la doctrina de Sócrates. No la enseñanza, sino el trato de Epicuro, formó los grandes hombres Metrodoro, Hermarco y Polieno. No te hablo de esta manera para que aproveches para ti solo, sino para que aproveches también para otro; así nos seremos útiles unos a otros.

Epístola VII

Me preguntas qué es lo que principalmente debes evitar. La multitud. En ella no te encontrarás seguro. Confieso mi debilidad. Nunca salgo como entré en ella; despierta algo de lo que tenía adormecido, vuelve algún pensamiento que había desterrado. Lo que ocurre a los enfermos debilitados desde mucho tiempo, que no podrían sacarse al exterior sin perjudicarles, nos sucede a nosotros, cuando nuestro ánimo se restablece de larga enfermedad. La conversación de muchos nos es dañosa. Se encuentra siempre alguno que favorece el vicio, que nos lo imprime o desliza. Cuanto mayor es la multitud a quien nos mezclamos, más grande es el peligro. Pero nada es tan perjudicial a las buenas costumbres como detenerse mucho tiempo en los espectáculos públicos, porque el placer que se experimenta en ellos hace que se insinúe con mayor facilidad el vicio. ¿Qué quieres que te diga? Vuelvo más avaro, más ambicioso, más inhumano que era por haber estado entre los hombres.

Recógete, pues, en ti mismo tanto cuanto puedas; busca a aquellos que puedan hacerte mejor, y recibe también a aquellos a quienes puedas tú mejorar. Esto es recíproco: los hombres aprenden cuando enseñan. Sin embargo, no te has de exhibir por todas partes para hacer gala de tu ingenio y dar lecciones públicas. Te lo permitiría si tus sentimientos estuvieren acordes con los del pueblo; pero no hay nadie que pueda comprenderte, exceptuando tal vez uno o dos, y a éstos tendrás que formarlos y hacerlos capaces de entenderte. «¿Para quién he aprendido todo esto?». No temas haber perdido el trabajo; lo has aprendido para ti.

Epístola VIII

Evitad todo lo que agrada al vulgo, todo lo que conceda la casualidad, y considerad sospechosos todos los dones de la fortuna. A los animales y a los peces se les engaña con apetitoso cebo, y ese cebo es un lazo. El que quiera vivir con seguridad, que evite cuanto pueda beneficios tan falaces, porque, engañados miserablemente en ellos, al creer que los cogemos, nos encontramos cogidos. Ese camino conduce a un precipicio, y el término de vida tan brillante es funesta caída. Además, no es posible detenerse cuando la felicidad comienza a empujarnos. Resistid o retiraos; si obráis así, podrá la fortuna daros alguna sacudida, pero no os derribará. Observad este saludable método de vida, y no concedáis al cuerpo más que lo necesario para la salud. Indispensable es tratarlo con alguna dureza, no sea que no se someta bastante al espíritu: no comáis más que para matar el hambre, y no bebáis más que para apagar la sed; no busquéis en el traje otra cosa que el preservativo del frío, ni más en vuestra casa que lo indispensable para poneros al abrigo de las injurias del tiempo. Poco importa que la casa esté edificada con césped o con variados mármoles; igualmente bien puede encontrarse el hombre bajo dorado techo que en una choza, y debéis despreciar la ostentación de embellecimientos superfluos. Pensad que en vosotros solamente es admirable el espíritu, que por ser grandes, nada debe de parecerle grande.

Epístola IX

¿Pero quieres saber cuál será la vida del sabio si se encuentra abandonado, sin amigos, en estrecha prisión o entre pueblos extranjeros, si se detiene en largo viaje o se ve arrojado a playas desiertas? Su vida será parecida a la de Júpiter, quien, cuando disuelto el mundo, confundidos los dioses en uno y la naturaleza deja de obrar por corto tiempo, encuentra su satisfacción en sus pensamientos. Así hace también el sabio; se reconcentra en sí mismo, y se hace compañía. Mientras puede dirigir sus negocios según su gusto, está contento consigo mismo y no necesita a nadie; se casa y tiene hijos, aunque puede vivir contento sin esto. Sin embargo, si le fuese absolutamente necesario vivir solo, preferiría no vivir; se compromete en la amistad por pura inclinación y sin deseo de provecho, porque nos es grata la amistad, como nos son gratas otras muchas cosas, y amamos la compañía como odiamos la soledad: el mismo instinto que acerca el hombre al hombre nos inspira el deseo de hacernos amigos; pero aunque el sabio quiera por extremo a sus amigos, aunque al compararlos con él los prefiera frecuentemente, su satisfacción la hará consistir en sí mismo, y dirá lo que Stilpón, de quien se burla Epicuro en una epístola. Este filósofo, después de la toma de su ciudad natal, después de la pérdida de su mujer y de sus hijos, retirándose del incendio general, solo y contento, contestó a Demetrio Poliorcetes, que le preguntaba si no había perdido nada: «Llevo conmigo todos mis bienes». He aquí el varón fuerte y generoso; éste triunfó del enemigo y de su victoria, porque al decir: no he perdido nada, le ha hecho dudar si le había vencido. Llevo conmigo todos mis bienes, es decir, la justicia, la virtud, la prudencia, la templanza y la hermosa resolución de no estimar como bien aquello que puede ser arrebatado.

Epístola XII

¿Qué hay superior a este pensamiento que le encargo te lleve? «Malo es vivir en necesidad; pero no existe necesidad alguna de vivir en necesidad.» ¿Por qué no existe?, porque por todas partes se abren caminos cortos y fáciles a la libertad.

Epístola XIII

¿De qué manera dirás, he de conocer lo que es mal imaginario o verdadero? He aquí la regla. Nos atormentan cosas presentes o futuras, o las unas y las otras a la vez. Fácil es juzgar de las presentes: si tu cuerpo es libre, si estás sano, si no se le ha inferido daño. Veremos después lo referente a las cosas futuras; hoy no nos ocuparemos de ellas. Considera primeramente si existen conjeturas infalibles del mal que debe llegar; porque con frecuencia nos asaltan sospechas y nos engañan falsos rumores, que a veces pierden a los ejércitos y con mayor razón a los particulares. Así sucede, querido Lucilio. Instantáneamente nos rendimos a la opinión sin examinar siquiera las cosas que nos hacen temer, sino que temblamos y volvemos la espalda como los soldados que abandonan su campamento aterrados por el polvo que levantaron bestias que corrían, o por una noticia falsa que se difunde sin que se sepa su autor. No sé por qué asustan más las cosas falsas que las verdaderas, a no ser porque éstas tienen su medida y su ser determinados, y que las que son inciertas dependen de nuestra imaginación, que quita o añade según le parece. De aquí procede que no haya temores más peligrosos que los que se llaman pánicos; porque si los otros no tienen razón de ser, éstos carecen hasta de conocimiento. Examinemos detenidamente el asunto. ¿Es verosímil un mal futuro? De aquí no se deduce que sea verdadero. ¿Cuántas cosas que no se esperaban han sobrevenido?; ¿y cuántas que se esperaban no se han realizado? Pero si aún no ha sobrevenido el mal, ¿de qué sirve anticiparlo? Demasiado te atormentará cuando llegue; entre tanto prométete lo mejor. ¿Qué ganarás? Tiempo.

Por ciertas que sean las cosas que tememos, más cierto es aún que frecuentemente se dulcifican las que tememos, como se desvanecen las que esperamos. Examina, pues, tu temor y tu esperanza, y cuando veas incierto uno y otra, cree lo que más te agrade. Si tienes más motivos para temer, inclínate, sin embargo, al otro lado y cesa de atormentarte.

Mas no puedo terminar esta carta sin imprimirle el sello, es decir, confiarle algún pensamiento excelente para que te lo lleve. «El necio, además de sus defectos, tiene el de comenzar constantemente a vivir.»

No declararía el autor de esta sentencia si no fuese de las más secretas y menos conocidas de Epicuro y de aquellas que me he permitido alabar y adoptar.

Epístola XIV

El que adora su cuerpo no aprecia lo honesto como debe. Convengo en que se le ha de cuidar, pero a condición de abandonarle al fuego, cuando así lo pidan la razón, la dignidad y la fe. Sin embargo, evitemos cuanto podamos no solamente los peligros, sino también las molestias, y procuremos ponernos en seguridad por los medios que estimemos más propios para garantirnos de las cosas que debemos temer, y que, si no me engaño, son de tres clases, a saber: pobreza, enfermedades y opresión de los poderosos; pero esta última es la que más nos mortifica, porque viene acompañada de ruido y tumulto.

No es, pues, extraño que se tema profundamente estas cosas cuyo aparato y variedad son tan terribles; porque así como el verdugo aumenta el horror del suplicio con el número de los instrumentos que expone a la vista del condenado (de suerte que esta espantosa exhibición abate muchas veces a aquel a quien la paciencia hubiese hecho resistir), así entre las cosas que obran sobre nuestros ánimos, aquéllas tienen más fuerza que ostentan mayor aparato y exterioridad. Otros males hay que no son inferiores a éstos, quiero decir, el hambre y la sed, las úlceras interiores y la fiebre que abrasa las entrañas; pero están ocultos y nada ostentan que amenace y aterre; los otros males son como esos grandes ejércitos que vencen con su sola presencia y aparato.

A veces es el pueblo a quien debemos temer; a veces a aquellos que gozan favor en el Senado, si de esta manera está constituido el gobierno; en ocasiones el pueblo concede a particulares la autoridad que han de ejercer sobre el mismo pueblo. Difícil es tener a todos éstos por amigos, y mucho es ya no tenerles por enemigos.

Además, no poseamos nada que pueda enriquecer a quien nos lo arrebate; que ni siquiera pueda recoger mucho botín despojándonos.

Tres cosas hay que evitar además, según la antigua máxima: el odio, la envidia y el desprecio. La sabiduría solamente puede enseñar a conseguirlo, porque es muy difícil este temperamento: hay peligro de caer en desprecio al temer la envidia, y que al no querer alzarnos sobre los demás, les mostremos que pueden ponernos bajo sus pies; por otra parte, muchas personas están obligadas a temer porque existe motivo para que se les tema: asegurémonos por todas partes; no es menos peligroso ser despreciado que ser envidiado.

Pero después veremos si el sabio debe intervenir cuando no hay esperanzas de éxito: entretanto, te propongo por ejemplo aquellos grandes estoicos, que estando excluidos de los negocios públicos, se retiraron para dedicarse a la vida privada y dictar leyes a todos los hombres sin ofender a los que tenían las riendas del poder. El sabio no va contra las costumbres establecidas, ni se atrae el odio del pueblo con la extrañeza de su conducta.

Epístola XVII

Prescinde de todas las cosas si eres sabio, y principalmente para que lo seas más. Emprende a la carrera y con todas tus fuerzas el camino de la virtud. Si algo te coarta, arrójalo o rómpelo.

Epístola XX

La filosofía enseña a obrar, no a hablar; quiere que cada uno viva a la manera que prescribe, que estén en armonía nuestras palabras con nuestras acciones, y que en esto no haya diferencias. Una de las ventajas principales y elevada muestra de sabiduría es que las acciones concuerden con las palabras y se vea siempre al hombre igual consigo mismo. ¿Quién podrá conseguirlo? Pocos en verdad; sin embargo, existen algunos. Difícil es sin duda esto: así, pues, no digo que el sabio deba caminar siempre al mismo paso, pero sí por el mismo camino.

¿Qué es la sabiduría? Querer siempre la misma cosa o rechazarla siempre. No añado la condición, con tal de que la cosa que se quiere sea justa, porque no existe nada que pueda quererse siempre si no es justo. Así ves que la mayor parte de los hombres no saben lo que quieren hasta el momento en que lo quieren, y que nadie está seguro de lo que debe querer o no querer. Diariamente se cambia de juicio y hasta se pasa al opuesto, y la vida en muchos es continua fluctuación. Termina, pues, lo que has comenzado; llegarás quizá al grado más alto, o al menos a uno tan elevado que tú sólo podrás conocer que no es el más alto aún.

¡Cuándo llegará el día en que nadie mienta en honor tuyo! Emplea todo tu pensamiento, todo tu cuidado, todos tus deseos, en encontrar en ti mismo tu satisfacción y tu honor; ¿puede haber felicidad que se acerque más a la de Dios? Colócate tan bajo que no puedas caer; y con objeto de que puedas conseguirlo, aplicaré la sentencia que debe terminar esta carta. Epicuro me la suministrará de buena voluntad, aunque tú me envidies: «Tus palabras tendrán seguramente más autoridad cuando las pronuncies en un lecho de paja y con burdo vestido, porque no solamente serán dichas, sino también probadas». Por mi parte, con más gusto escucho a nuestro Demetrio, cuando habla casi desnudo, tendido en un jergón, porque entonces más que preceptor, es testigo de la verdad.

Epístola XXII

Sin embargo, oye, si te place, mi opinión sobre este asunto: creo que debes renunciar a la vida o emprender otra vida; sin embargo, puedes tomar un camino medio, esto es, desatar suavemente antes que romper de brusca manera los lazos con que te has sujetado; pero si no puedes de otro modo, ábrete paso a la libertad. Nadie existe tan tímido que no prefiera caer de una vez a estar suspendido siempre.

Epístola XXIV

Vulgares son, me dirás, estas fábulas en las escuelas. ¿Me citarás a Catón cuando me hables del desprecio a la muerte? ¿Por qué no he de citar aquella última noche suya, en la que leía un libro de Platón teniendo una espada bajo la almohada? Estos dos instrumentos tuvo a mano en aquella noche suprema, el uno para querer morir, el otro para poder. Arreglados sus negocios de la manera que permitía su mal estado, creyó que debía obrar de manera que nadie tuviese la gloria de haber dado muerte o haber salvado a Catón, y empuñando la espada, que hasta aquel día no se había manchado de sangre, dijo: «Nada has ganado, ¡oh Fortuna!, con haberte opuesto a todos mis designios; hasta ahora no he combatido por mi libertad, sino por la de mi patria, y lo que he hecho con tanta obstinación no ha sido por ser libre, sino por vivir entre libres; puesto que al presente se deploran todas estas cosas, hora es ya de poner a Catón en lugar seguro». Dicho esto, se infirió mortal herida. Vendado por los médicos, se encontró con menos sangre y menos fuerzas, pero con ánimo igualmente entero, e indignado entonces más consigo mismo que contra el César, metió ambas manos en la herida, la desgarró, arrojando, más bien que exhalando, aquel espíritu generoso que nunca se humilló ante ningún poder.

Espera que te hagan justicia, y decídete a la vez a soportar la injusticia. Atiende ante todo a separar las cosas del tumulto que ellas mismas forman, y a considerarlas en sí mismas; verás entonces que no tienen de terribles más que el miedo que inspiran. Lo que ocurre a los niños nos ocurre a nosotros, que somos niños grandes; aquellos a quienes quieren y con los que acostumbran jugar, les causan miedo si se les presentan enmascarados. Necesario es ver las cosas al descubierto, como se ve a los hombres; y contemplarlas en su aspecto natural.

¿Llegaré a ser pobre? Me encontraré entre muchos. ¿Desterrado? Supondré que he nacido allí donde me manden. Encarcelado?, ¿qué importa?, ¿estoy libre ahora?, ligado estoy al cuerpo, que es naturalmente pesado. ¿Moriré? Debes decir en este caso: ya no puedo estar enfermo, ni preso, ni morir otra vez. No soy tan inepto que repita aquí la cantinela epicúrea, para decir que es vano temor el que se siente a los infiernos.

Recuerdo haberte oído alguna vez raciocinar acerca de esto, que no caemos de repente en poder de la muerte, sino que vamos a ella poco a poco: morimos todos los días, porque todos los días perdemos parte de nuestra vida, que también disminuye cuando crecemos. El tiempo de la infancia desapareció; hemos pasado también el de la adolescencia y de la juventud; en una palabra, todo el tiempo que ha transcurrido hasta el día de ayer, está perdido para nosotros, y este mismo día en que nos encontramos está dividido entre la vida y la muerte. Así como la última gota no vacía la clepsidra, sino todas las que le precedieron, así también no es la última hora la que hace la muerte, sino la que la termina; entonces llegamos, pero hacía mucho tiempo que nos encaminábamos a ella. Cuando discurrías acerca de estas cosas con tu ordinaria elocuencia, siempre me parecías grande, pero nunca tan firme como cuando atribuiste estas palabras a la verdad:

No viene de repente la muerte, pero se llama muerte la última que nos arrebata.

Prefiero que leas lo tuyo o que leas mi carta, porque así verás que la muerte que tenemos no es la única que existe, sino solamente la última.

El hombre generoso y sabio no debe huir de la vida, sino salir de ella: sobre todo, es necesario cortar ese apasionado deseo de morir que se apoderó en otro tiempo del ánimo de muchas personas; porque es cosa cierta, querido Lucilio, que algunas veces se inclina ciegamente el alma al deseo de la muerte, de la misma manera que a otros objetos, y que esto ha ocurrido en tanto a varones esforzados y generosos y en tanto a débiles y pusilánimes. Aquéllos despreciaban la vida, a éstos les incomodaba: otros hay también que, cansados de hacer y ver siempre las mismas cosas, toman a disgusto la vida, sin cobrarle sin embargo aversión. A esto nos lleva insensiblemente la filosofía cuando exclamamos: ¿Siempre lo mismo? Dormir, despertar, tener apetito, saciarlo, tener frío, tener calor: ninguna cosa tiene fin, sino que todas están entrelazadas en el orbe; huyen y vuelven. El día vence a la noche, la noche al día; el estío termina en el otoño, el otoño en el invierno, el invierno en la primavera. Todo pasa para volver después; ni veo ni hago nada nuevo. ¿No ha de producir hastío alguna vez todo esto? Por esta razón consideran algunos que si vivir mucho no es desagradable, al menos es superfluo.

Epístola XXV

Te permitiré lo que aconseja Epicuro cuando dice: «Retírate dentro de ti mismo, sobre todo cuando necesites compañía». Conviene que no seas semejante al vulgo, y por esta razón es peligroso que salgas de ti mismo: contempla a los demás; ninguno hay que no esté mejor con los otros que consigo mismo. «Retírate dentro de ti mismo, sobre todo cuando necesites compañía», pero si eres varón bueno, pacífico y moderado; no siendo así, sal de ti, ve con los demás y no estarás peor acompañado.

Epístola XXVIII

Aunque te relegasen al extremo del mundo o te confinasen en el seno de la barbarie, te encontrarías bien dondequiera que establecieses tu morada: esto depende más del huésped que de la casa; por esta razón no debemos apasionarnos por ningún paraje. Necesario es vivir persuadidos de que no hemos nacido para quedar fijos en punto determinado: mi patria es todo el mundo.

Epístola XXX

Te diré francamente que creo mucho más fuerte al que se encuentra en la agonía que al que está cerca de la muerte; porque cuando se muestra desnuda, inspira hasta a los más débiles la resolución de sufrir lo que no pueden evitar. Por esta razón vemos que el gladiador que nos pareció tímido en el combate se entrega al enemigo que le derribó y presenta la garganta a la espada. Pero la muerte que está cerca y que se adelanta paso a paso, pide estudiada firmeza de corazón, firmeza que es muy rara y solamente se encuentra en el sabio. Por esta razón escuchaba con gusto al anciano hablando de la muerte, cuya naturaleza conocía tanto mejor cuanto más de cerca la contemplaba. Creo que darías tú más fe a quien resucitase y te asegurara por experiencia propia que no existe ningún mal en la muerte; puedes sin embargo conocer la turbación que produce la proximidad de la muerte cuando hablan los que se encontraron cerca de ella, que la vieron venir y la recibieron. Entre éstos se encuentra Basso, que no quiere que nos engañemos, y dice que tan poca razón hay para temer la muerte como para temer la vejez; porque así como la vejez sucede a la edad viril, así la muerte sucede a la vejez. Parece que no ha vivido el que no quiere morir, porque solamente con la condición de morir se le ha concedido la vida. Demencia es, por lo tanto, asustarse de la muerte, puesto que no debe asustar lo incierto, y lo cierto debe esperarse. La muerte es igual para todos y necesariamente inevitable.

¿Quién puede quejarse de una ley que a nadie exceptúa? La igualdad es parte principal de la equidad. Pero es inútil defender aquí la causa de la naturaleza, que no ha querido tengamos ley diferente de la suya. Todo lo que hizo lo deshace; todo lo que deshace lo hace otra vez. Pero si la vejez disuelve y sin violencia saca de la vida, aquel a quien esto sucede ¿no debería dar gracias a los dioses por haberle llevado al descanso tan necesario y grato después de tan largo trabajo? Ves que algunos desean la muerte con más ahínco que otros piden la vida. Ignoro si muestra más valor el que pide la muerte o el que la espera con tranquilidad, porque a lo primero se suele llegar por movimiento de ira y despecho, y lo otro no puede hacerse sino por deliberación segura y tranquila. Los hay que, encolerizados, corren a la muerte, pero no que la reciban con regocijado semblante, excepto el que desde antiguo se ha preparado para ella.

Epístola XXXVI

¿Qué es, pues, lo que debe aprender? A despreciar la muerte, que es excelente defensa contra todo linaje de ataques y de enemigos. Porque nadie duda que la muerte no tenga en sí algo de terrible que asusta a los hombres en quienes la naturaleza puso el amor a la vida; de no ser así, inútil sería prepararse y animarse a una cosa que haríamos por instinto, como cuidamos de la propia conservación. Nadie aprende a fin de poder, en caso de necesidad, descansar en un lecho de rosas; sino que se endurece para que la fe no ceda a los tormentos, y, en caso necesario, poder permanecer toda la noche en la trinchera, hasta de pie y herido sin apoyarse en las armas para que no le sorprenda el sueño. La muerte no lleva consigo ninguna molestia, porque es necesario que lo que produce molestias tenga existencia. Si tanto deseo tienes de vivir, piensa que no perece nada de lo que vemos desaparecer de nuestra vista, sino que vuelve al seno de la naturaleza para salir muy pronto. Todo concluye, pero nada perece. La muerte que tanto tememos y rechazamos hace cesar la vida, pero no la quita; día llegará en que nos pondrá de nuevo en el mundo, al que muchos no querrían volver si recordaran haber estado ya en él. Pero muy pronto te demostraré que todo lo que parece perecer no hace más que cambiar. Puede uno marcharse sin pesar, cuando se marcha para volver. Considera las vicisitudes de las cosas, y verás que nada se aniquila en el mundo, sino que cae y se levanta sucesivamente. Se marcha el estío y otro año le trae; pasa el invierno, pero los meses le traerán también; la noche oculta el sol, pero el día la disipará enseguida. Todo el curso de las estrellas no es otra cosa que paso y regreso que se hace alternativamente por los mismos caminos; una parte del cielo se levanta continuamente y otra baja. Terminaré añadiendo que los niños y los locos no temen la muerte y que es vergonzoso no adquirir por la razón la seguridad que da la demencia.

Epístola XXXVII

Si quieres que todas las cosas te estén sometidas, sométe-
te tú primeramente a la razón: las regirás si la razón te
rige; ésta te enseñará lo que debes emprender y cómo
podrás ejecutarlo; nada harás por casualidad. No me citarás ninguno que sepa cómo ha comenzado a querer lo
que quiere; le impulsó el instinto y no la razón. La fortuna nos encuentra con tanta frecuencia como nosotros a
ella. Vergonzoso es dejarse arrastrar y no guiarse, y en
medio de la corriente de los negocios preguntarse con
estupor: ¿Cómo he llegado aquí?

Epístola XLV

Te quejas de no tener bastantes libros. Más importa te-
nerlos buenos que tener muchos; porque la lectura de
un libro especial es provechosa, y la de muchos solamente agradable. El que quiera llegar al fin que se propone
debe seguir un camino solo y no emprender muchos,
porque esto antes sería extraviarse que adelantar.

Perdemos mucho tiempo en disertaciones de palabras
y en caprichosas discusiones que solamente consisten en
vanas sutilezas. Formamos dificultades, elegimos palabras ambiguas, y enseguida nos damos la solución. ¿Tanto tiempo nos sobra?, ¿sabemos ya vivir? ¿Sabemos morir? Debemos aplicar todo nuestro talento a ponernos
en condición de que no nos engañen las cosas: las pala-

bras no importan nada. ¿Qué me importa que distingas entre palabras ambiguas que a nadie embarazaron jamás sino en la discusión? Las cosas son las que engañan, distínguelas; confundimos el bien con el mal; deseamos lo contrario de lo que deseábamos antes; combaten nuestros deseos, y unos con otros nuestros juicios. ¡Cuánto se parece la adulación a la amistad! No solamente la imita, sino que la excede y baja al corazón por los oídos, que le están abiertos siempre, haciéndose agradable hasta cuando hiere. Aprende a distinguir estas falsas semejanzas. Se me acerca un enemigo adulador bajo la apariencia de verdadero amigo; se deslizan los vicios, bajo el nombre de virtudes; la temeridad se encubre con el nombre de fortaleza; la pereza con el de la moderación, y la timidez se disfraza de prudencia. En estas cosas es muy peligroso equivocarse, y necesario es imprimir en ellas señales seguras. Después de todo, el hombre a quien se preguntase si tenía cuernos, no sería tan necio que se tocase la frente, ni tan estúpido que ignore que no tiene aquello que le atribuyes por la sutileza de un argumento. Estas cosas engañan inocentemente como cubiletes y piedrecitas de los prestidigitadores, en los que el engaño mismo deleita pero muéstrame cómo se hace esto, y en el acto pierdo el deseo de hacerlo. Lo mismo digo de los argumentos capciosos: ¿de qué otra manera he de llamar a esos sofismas? No reporta ningún bien saberlos, ni tampoco ningún mal ignorarlos. Si quieres distinguir la ambigüedad de las palabras, muéstranos que no es dichoso aquel a quien llama así el pueblo porque tiene mucho dinero; sino aquel otro que lleva dentro de sí todos sus bienes, que tiene alma grande y elevada, que desprecia todo lo que el mundo admira, que no ve a nadie por el que quisiera cambiarse, que no estima al hombre más que por las cualidades que le hacen digno de este nombre, que no tiene otro maestro que la naturaleza, que se conforma con sus leyes y que vive como ella ordena, a quien el poderoso nada puede quitar, convierte el mal en bien, firme en sus juicios, inmutable, intrépido, a quien la violencia puede conmover pero no turbar; en fin, aquel a quien la fortuna, después de descargarle los golpes más rudos, solamente puede causar pequeña herida, y esto rara vez. Porque los dardos con los que derriba a la generalidad de los hombres rebotan en él como el granizo que cae sobre los techos se rompe y se funde sin causar daño a los que están debajo

Epístola XLIX

Infinita es la velocidad del tiempo, y se nota mejor cuando se mira hacia atrás, porque el presente escapa a los que quieren considerarlo: tan rápida es su fuga. ¿Quieres saber la razón de esto? Consiste en que todos los tiempos pasados se reúnen en el mismo punto, se les considera en conjunto y enseguida desaparecen en el olvido. Además, en cosa tan breve no puede haber largos intervalos. Nuestra vida no dura más que un momento, y todavía menos de un momento; pero la naturaleza, dividiendo este momento, le ha dado apariencia de mayor duración. Hizo la infancia, la adolescencia, la edad viril, y del que cae en la ancianidad ha hecho la ancianidad misma. ¡Cuántos grados ha puesto en tan corto espacio! Poco hace me encontraba en tu compañía, y sin embargo este *poco* forma parte de nuestra vida, que siendo tan corta no puede tener fin muy lejano. Antes no me parecía que pasaba con tanta rapidez el tiempo; ahora reconozco que su precipitación es increíble, sea porque siento acercarse mi fin, sea que empiezo a cuidarme del tiempo que pierdo y a contarlo.

Por loco me tendrían si mientras las mujeres y los ancianos llevan piedras para reparar la brecha; mientras la juventud permanece sobre las armas, esperando o pidiendo la orden para hacer una salida; mientras avanzan los enemigos para forzar la entrada, y la tierra, horadada de minas, tiembla bajo los pies, permaneciese sentado y propusiera cosas de esta naturaleza. Lo que no has perdido lo tienes; es así que no has perdido cuernos, luego tienes cuernos. Con igual razón podrás decir que habría perdido el seso si me ocupase de estos delirios; ahora que me encuentro sitiado y que no tengo muralla que me separe del enemigo; al contrario, todo lo que puede dañarme está dentro de mí. No tengo tiempo para ocuparme de estas bagatelas; negocio harto más importante llevo entre manos. ¿Qué haré? La muerte me va al alcance, me abandona la vida, dame un medio para que no huya de la muerte ni la vida huya de mí. Inspírame valor para dominar las dificultades, y paciencia para soportar los males inevitables; prolonga la brevedad de mis días; hazme ver que la felicidad de la vida no consiste en su duración, sino en su empleo; que suele suceder, que sucede con frecuencia, que el que ha vivido mucho, ha vivido muy poco. Dime cuando vaya a acostarme: quizá no te levantarás jamás. Dime cuando me levante: quizá no te acostarás otra vez. Cuando salga de casa: quizá no regresarás, y cuando vuelva: quizá no saldrás ya más. Te equivocas si crees que navegando se está más cerca de la muerte; igualmente cerca se está en cualquier parte. Verdad es que en ninguna se encuentra tan próxima, pero igualmente próxima está en todas. Disipa estas tinieblas y más fácilmente me enseñarás las cosas para las que estoy preparado. La naturaleza nos ha hecho dóciles y nos ha dado una razón imperfecta, pero que puede perfeccionarse. Háblame de justicia, de piedad, de sobriedad y de continencia. De esta manera si no me extravías, llegaré fácilmente a donde quiero ir. Porque, como dice el Trágico: «la palabra de verdad es sencilla»; por lo tanto, no conviene complicarla, no habiendo nada que convenga menos al alma que se propone grandes designios que la astuta sutileza.

Epístola L

¿Por qué engañarnos de esta manera? Nuestro daño no está fuera de nosotros, sino dentro, en el fondo de nuestro pecho: y nuestra curación es tanto más difícil, cuanto que ni siquiera conocemos que estamos enfermos. Aunque comenzásemos, desde luego, a hacernos curar, ¿cuánto tiempo se necesitaría para remediar tantas enfermedades e indisposiciones? Pero ni siquiera buscamos médico, que sin duda encontraría menos dificultades si se le llamase al principio de la enfermedad: el alma tierna aún seguiría al que le mostrase el camino recto. Solamente es difícil volver al terreno de la naturaleza a aquellos que la han abandonado por completo.

Epístola LIII

Cuando se me tranquilizó algo el estómago, cuyas náuseas, como sabes, desaparecen con el mar, y después de aliviar el cuerpo con una unción, comencé a pensar conmigo mismo cuán fácilmente olvidamos nuestros defectos, hasta los corporales, que se presentan a cada momento, y con más razón los del alma, que son grandes a medida que permanecen más ocultos. Una ligera emoción puede engañarnos; pero si aumenta y la enardece la fiebre, no hay quien, por duro y paciente que sea, que no la confiese. Duelen los pies, se sienten pinchazos en las articulaciones, disimulamos aún y decimos que tenemos una torcedura o que nos hemos dislocado en algún ejercicio violento: hasta este instante el mal es dudoso, y buscamos su nombre; pero cuando ha bajado a los talones, necesario es confesar la gota. Lo contrario ocurre con las enfermedades del alma: cuanto mayores son, menos se sienten. No te extrañe esto, querido Lucilio, porque el que duerme ligeramente, sueña algunas veces, y durmiendo imagina dormir en efecto; pero el sueño profundo de tal manera sumerge al alma que queda sin conciencia. ¿Por qué no confiesa nadie sus defectos? Porque aún le dominan. Necesario es estar despierto para referir los sueños, y señal es de espíritu sano confesar sus faltas. Despertemos, pues, para que podamos conocer nuestros errores; pero solamente puede despertarnos la filosofía; ella sola puede disipar nuestro profundo sueño. ¡Dedícate completamente a ella!, ¡eres digno de ella y ella digna de ti! Abrazaos recíprocamente, y rechaza con energía tu afición a las demás cosas. No debe filosofarse en vano. Si te encontrases enfermo abandonarías el cuidado de la casa, olvidarías los negocios del foro y no querrías ir a defender un pleito por nadie; solamente pensarías en curarte. Y qué, ¿no harás ahora lo mismo? Abandona todas estas ocupaciones y dedícate a la reforma de tus costumbres, cosa que no se puede conseguir mientras se está entregado a los negocios.

La filosofía ejerce su imperio: da el tiempo y no lo recibe. Su obra no puede dejarse para realizarla con comodidad. Es señora que está siempre presente y manda. Alejandro contestó a una ciudad que quería abandonarle la mitad de su territorio y de todos sus bienes: «He vencido al Asia no para recibir lo que queráis darme, sino para que conservéis lo que quiera dejaros». La filosofía dice lo mismo de todo: «No quieto el tiempo que pueda sobraros, sino que tendréis el que yo os conceda».

Epístola LIV

Mucho tiempo me habría dejado descansar la enfermedad, pero de repente me invadió de nuevo. «¿Qué enfermedad?», preguntarás, y con razón, sin duda porque ninguna me es desconocida. Una, sin embargo, existe, a la que estoy más sujeto y a la que no sé por qué he de llamar con nombre griego, cuando basta decir difícil respiración. El ataque es corto; su ímpetu, parecido al del huracán, pasa en una hora. ¿Quién tardaría más en respirar? Creo haber padecido todas las enfermedades, hasta las más peligrosas, pero ninguna me parece tan penosa como ésta; porque padecer las otras, cualesquiera que sean, no pasa de estar enfermo, pero tener ésta es morir. Por esta razón la llaman los médicos *meditación de la muerte*. Esta falta de respiración realiza al fin lo que tantas veces ha ensayado.

¿Crees, acaso, que te escribo contento porque he escapado de ella? Si considerase este alivio como curación completa, sería tan ridículo como el que creyese haber ganado el pleito por haber obtenido un aplazamiento. Durante mi ahogo no dejé de consolarme con pensamientos dulces y fuertes. ¿Qué es esto?, me decía; la muerte me pone a prueba con harta frecuencia; que haga lo que quiera; mucho tiempo hace que la conozco. «¿Cuándo?», preguntarás; antes de nacer, porque no existir es estar muerto. Ahora ya sé cómo es: lo mismo será después de mí que ha sido antes de mí. Si existe algún dolor después de partir de este mundo, necesario es que haya existido alguno antes de venir a él. Pero nada sentíamos entonces.

Dime: ¿no sería grande necedad suponer que una lucerna vale menos después de apagada que antes de encenderla? Lo mismo sucede con nosotros; se nos enciende, y después se nos apaga. Confieso que en ese intervalo padecemos algo; pero antes y después nada debemos temer. Nuestro error, si no me engaño, querido Lucilio, consiste en que consideramos únicamente que la muerte nos seguirá, sin representarnos que nos seguirá de la misma manera que nos ha precedido. Todo lo que fue antes de nosotros equivale a muerte. ¿Qué importa no empezar o concluir, puesto que lo Uno y lo otro se reduce al mismo estado, es decir, a no ser?

Me entretenía con estas reflexiones (tácitas, por supuesto, porque no podía hablar); pero habiendo degenerado el ahogo en dificultad de respiración, me dejó más tranquilo; calmó, y al fin desapareció. Pero aunque ha cesado, todavía no tengo libre la respiración, sino que siento algo que la dificulta y entorpece. Que haga que quiera, con tal de que no me ahogue; Pero te aseguro que no temblaré cuando me vea en la extremidad; preparado estoy ya; y no cuido del día en que llegue. Alabarse debe e imitarse solamente a aquel que no siente morir cuando tenía placer en vivir. ¿Qué mérito tiene salir cuando se nos expulsa? Existe, sin embargo, en que, si bien, se me arroja, salgo como voluntariamente. Por esta razón no es jamás expulsado el sabio, porque ser expulsado es salir fuera del lugar que no se quería abandonar. El sabio no hace nada a pesar suyo; se libra de la necesidad porque quiere lo que ella le obligaría a querer.

Epístola LV

Mucha diferencia existe entre el ocio y la pereza. Nunca pasé por delante de esta casa, cuando vivía Vatia, sin decir: «Aquí yace Vatia». Esto demuestra, querido Lucilio, que la filosofía tiene algo tan sagrado y venerable, que se respeta hasta aquello que falsamente se le parece. Engañado el vulgo por la apariencia, cree que el hombre ocioso, por este hecho, está contento, tranquilo y que vive para sí mismo aunque estas cosas solamente puede conseguirlas el sabio. Éste sabe vivir bien, y como nada le preocupa, vive para sí, que es lo primero de todo. El que huye del mundo y de los negocios, que se separa de la sociedad de los hombres a causa del fracaso de sus ambiciones, que no puede soportar la felicidad ajena y se oculta por miedo, como animal tímido y perezoso, no vive para sí, sino, lo que es altamente vergonzoso, para el vientre, para el sueño y para la impureza. Aunque no se viva para nadie, no se sigue que se viva para sí mismo; pero tan bella cosa es la constancia y perseverar firmemente en la resolución tomada, que hasta la pereza, cuando es perseverante, adquiere autoridad.

Epístola LVI

Perezca yo si tan necesario es el silencio, como dicen, para estudiar. Habito sobre un baño, y por todos los lados llega hasta mí el ruido. Imagina todos los géneros de voces que pueden mortificar el oído: cuando se ejercitan los más robustos arrojando el plomo con que cargan las manos, oigo sus gemidos, y cuando recobro aliento, oigo también sus silbidos y respiración anhelante: si algún bañero torpe no sabe frotar bien, oigo los golpes de su mano sonar diferentemente sobre los hombros, según que la pone abierta o cerrada. Si ocurre que el que guarda las esponjas engrasadas no encuentra justa la cuenta, el ruido es mayor. Añade a esto los barrenderos cuando se les sorprende en algún robo, y los que se divierten en gritar en el baño. Añade también los que hacen sonar el agua arrojándose de golpe en la balsa.

Además de todas estas gentes que al menos no tienen voz desagradable, represéntate un barbero, que, para hacerse notar, lanza un grito cascado y penetrante, sin callar hasta que hace gritar a otro al arrancarle los pelos de las axilas. Se oyen además los ruidos de los pasteleros, de los asadores y de los taberneros, que pregonan sus mercancías con gritos diferentes.

Dirás que soy de hierro y que estoy sordo si conservo firme la cabeza en medio de esta algarabía, en vista de que nuestro Crisipo se moría de aburrimiento al oír las salutaciones de los que diariamente acudían a verle. Pero, a fe mía, me cuido tan poco de estos ruidos como de las olas que braman o del agua que arrojan de lo alto. Aunque se dice que algunos pueblos, no pudiendo soportar el ruido de las cataratas del Nilo, llevaron sus ciudades a otras partes, me parece que la voz interrumpe más que el ruido, porque distrae el ánimo, mientras que éste solamente hiere o llena el oído. Entre los ruidos que no me distraen, cuento el de los carruajes que pasan por la calle, el del herrador que habita en mi casa, el del cerrajero vecino y de ese otro que vive cerca de la plaza, donde los jóvenes se ejercitan en la carrera, cuando prueban sus trompetas y sus flautas y gritan más bien que cantan. El ruido que cesa algunas veces me parece más inoportuno que el que continúa siempre. Pero de tal manera me he endurecido con todo esto, que oiría gritar a un cómitre para obligar a remar bien a los forzados, sin que me causara impresión. Obligo a mi espíritu a prestarse atención y a no distraerse en cosas exteriores. Hagan por fuera cuanto ruido quieran con tal que no exciten tumulto dentro de mí la avidez y el temor, la avaricia y la lujuria. Porque ¿de qué sirve el silencio exterior si las pasiones se agitan en el interior?

La noche era plácida y tranquila.

Esto es falso, porque no existe más reposo que el establecido por la razón. La noche reproduce nuestros pensares en vez de expulsarlos y no hace más que cambiar nuestros cuidados. Ordinariamente los que duermen se encuentran tan agitados por los sueños como lo han estado durante sus vigilias. La verdadera tranquilidad solamente se encuentra en la buena conciencia. Considera a aquel que impone silencio a toda la casa con objeto de poder dormir; todos callan y los que deben acercarse tienen en alto el pie y lo posan suavemente en el suelo. Se vuelve de un lado y de otro buscando un poco de sueño en medio de sus inquietudes, y se queja de que alguno se ha movido, cuando todos estaban quietos. ¿Qué causa crees que produce esto? Su espíritu que hace ruido. Necesario es calmarlo, necesario es detener sus movimientos. No creas que ese hombre está tranquilo porque le veas muellemente tendido en el lecho. Muchas veces el reposo causa inquietud; por esta razón es necesario hacer algo, ocuparnos en algún ejercicio honesto, siempre que la ociosidad, que de sí misma se cansa, nos impulse a cualquiera acción mala. Los buenos generales hacen trabajar a sus soldados llevándoles a largas expediciones cuando no encuentran bastante obediencia. A los que tienen ocupaciones no les queda tiempo para pensar en placeres; no hay remedio más seguro que la ocupación para dominar los vicios que nacen de la ociosidad.

Epístola LXVIII

Vuelvo ahora al consejo que te he dado. Es necesario ocultar tu descanso y que no se diga que te retiras para dedicarte a la filosofía, sino más bien por indisposición o por cansancio. Necia satisfacción es en verdad gloriarse del ocio. Existen algunos animales que borran sus rastros alrededor de su madriguera por temor de que los encuentren: lo mismo debes hacer, porque no careces de gentes que irán a buscarte y que te seguirán a todas partes. Se pasa por delante de lo que está en público, pero se busca cuidadosamente lo que se oculta; el ladrón apetece más lo que está cerrado y sellado. Parece de poco precio lo que se expone, y de lo abierto no hace caso el malhechor. Así es también el espíritu del pueblo y de todos los ignorantes que desean penetrar los secretos ajenos. Por esta razón es muy bueno no hacer nada por vanidad. Ahora bien, manera de vanidad es mantenerse demasiado oculto y afectar retraimiento y soledad. Éste, dicen, se ha ocultado en Tarento; aquél se ha encerrado en Nápoles; aquel otro no ha cruzado el umbral de su puerta desde muchos años. Convoca a todo el mundo quien hace hablar de su retiro.

Cuando te retires, que no sea para hablar de ti, sino para hablar contigo mismo. Pero ¿qué has de decirte?, lo que los hombres dicen con mucho gusto unos de otros. Háblate mal de ti mismo. Acostúmbrate a decir la verdad y a escucharla. Pero fíjate más especialmente en lo que encuentras imperfecto en ti mismo. Cada cual conoce los defectos de su cuerpo: por esta razón unos alivian el estómago por medio del vómito, otros lo entretienen comiendo poco con frecuencia, aquél se purga y alivia con el ayuno. Los que padecen gota se abstienen del vino y del baño, y descuidando todo lo demás, atienden principalmente al mal que les molesta. También hay en nuestra alma ciertas partes que son como manantiales de imperfecciones, de las que hay que cuidar con mucha atención. ¿Qué haré durante mi descanso? Curar mi llaga. Si tuviese un pie hinchado, una mano contusa y negra, o bien los nervios de una pierna secos y contraídos, me permitirías retirarme a cualquier punto y cuidar mi mal. Padezco una enfermedad mucho más grave y que no podía mostrarte: es una aglomeración de malos humores y un tumor interior. No quiero que me alabes; no quiero que digas: «¡Oh, varón grande, despreció todas las cosas, y después de condenar los errores de la humana vida, huyó!». Solamente me he condenado a mí mismo, y no debes venir a disfrutar de mi conversación. Te engañas si esperas algún auxilio de aquí. En este sitio no habita un médico, sino un enfermo. Prefiero que digas cuando hayas salido: creía que este hombre era dichoso y sabio; abría los oídos, pero me he engañado. Nada he visto ni he oído que me agradase; nada que me haya producido deseo de volver. Si esto piensas, si esto dices, algo he ganado, porque prefiero que mi retiro te inspire compasión y no deseo.

Epístola LXXXII

Comienzo por no inquietarme por ti. «¿Qué fiador tengo?», preguntarás. El que nunca ha engañado a nadie; esto es, tu espíritu, que se ha apasionado de la virtud. Tu mejor parte se encuentra en seguridad. Bien sé que la fortuna puede perjudicarte; pero lo más importante es que no te perjudiques tú mismo. Prosigue tu camino y continúa esa vida tranquila que has comenzado, con tal que no haya molicie en ella. Preferible es estar mal; y toma esta palabra en el sentido que acostumbra a darla el pueblo, es decir, vivir con molestias y trabajos. Cuando se habla de la vida de personas que no se quieren, se dice ordinariamente: «Vive con molicie», para dar a entender que no tiene energía, porque el espíritu se afemina insensiblemente con el reposo, y se blandea en la ociosidad. ¿No sería mejor para el hombre enérgico endurecerse en el trabajo? Además, los delicados temen siempre a la muerte, a pesar de que su vida se parece mucho a ella; pero media grande diferencia entre descansar y sepultarse. «¡Cómo!», me dirás, «¿no es mejor descansar de cualquier manera que sea, que estar continuamente agitado por el vértigo de los negocios?». Igualmente peligroso es que los nervios se esfuercen como que se aflojen, y creo que tan muerto está el que yace entre perfume como el sumergido en el lodo. El reposo sin el estudio es una manera de muerte que deposita al hombre vivo en la tumba. Porque, en último caso, ¿de qué sirve que nos retiremos si nuestras inquietudes pasan los mares con nosotros? ¿Qué antro tan alto existe donde no puede entrar el temor de la muerte? ¿Qué vida tan segura y tranquila que no se vea turbada por el dolor? Dondequiera que te ocultes, irán a alarmarte los males de la vida humana, porque hay muchas cosas en derredor nuestro que nos seducen o que nos alteran; y otras muchas dentro de nosotros mismos que se revelan hasta en medio de la soledad.

La muerte en sí misma no es gloriosa, pero es glorioso morir con valor; y cuando dices que no hay cosa indiferente que sea gloriosa, lo concedo; pero digo al mismo tiempo que nada hay glorioso que no descanse sobre cosas indiferentes; y he aquí cómo: llamo cosas indiferentes a las que no son buenas ni malas, como la enfermedad, el dolor, la pobreza, el destierro, la muerte; nada de esto es glorioso por sí mismo, pero nada hay que lo sea sin esto. No se alaba la pobreza, sino al que la pobreza no humilla ni doblega. No se alaba el destierro, sino al que en él no se aflige. No se alaba el dolor, sino a aquel a quien el dolor nada puede arrancar. No se alaba la muerte, sino a aquel que muere sin turbarse. Ni honestas ni gloriosas son estas cosas por sí mismas, pero la virtud las hace tales cuando las toma por objeto de su ejercicio. Se encuentran, en terreno neutral, y depende de la virtud o del vicio llevarlas a un lado o a otro. La muerte que fue gloriosa en Catón fue repugnante y vergonzosa en Bruto; hablo de aquel Bruto que, con objeto de prorrogar su muerte, se retiró para descargar el vientre y cuando le llamaron y mandaron tender el cuello, exclamó: «Ojalá viviese tan fácilmente como lo tenderé» y por poco añade: ¡bajo Antonio! ¡Qué locura es huir cuando no se puede retroceder! ¡Oh! ¡Cómo merecía aquel hombre que le abandonasen a vida infame!

Pero había empezado a decir: suponiendo que la muerte no sea un bien sino un mal, Catón, sin embargo, la hizo gloriosa y Bruto repugnante. Todo lo que en sí mismo no tiene esplendor, la virtud se lo da cuando se le une. Decimos que una habitación es clara, y sin embargo es oscura de noche; el día le da la claridad, la noche se la quita. Así también todas las cosas que llamamos indiferentes, como las riquezas, la salud, la belleza, los hombres, el mando, y por el contrario la muerte, el destierro, la enfermedad, los dolores y todas las que tememos más o menos, reciben el nombre de bien o de mal según el uso que de ellos hace la virtud o el vicio. El hierro por sí mismo no es caliente ni frío; si se pone en el fuego, se calienta; si se sumerge en el agua, se enfría. La suerte es honesta por el honesto, es decir por la virtud y por el ánimo que desprecia todo lo exterior.